図解 算数授業デザイン

Graphical Explanation

主体的な学びを促す50のしかけ

尾崎正彦［著］

明治図書

JN039913

はじめに

私が招いていただく算数の講座の最後には，参加された先生方からの質問コーナーが設定されていることがよくあります。

そこで質問される内容は，実に多岐に渡ります。

「学級の子どもの半分くらいが，授業後半になるとだれてしまいます。
どうしたら，子どもの興味を持続させる課題がつくれますか？」

「塾に行っている子どもと，かけ算九九もできない子どもがいて，
その学力差に困っています。よい解決策はありませんか？」

「板書が苦手です。他の先生の板書も参考にしているのですが，
うまく改善できません。まずは何から直したらよいでしょうか？」

「話し合いの場面で，いつも同じ子どもだけしか話をしません。
どうしたらよいですか？」

「『振り返り』と『まとめ』をしなさいと言われています。
でも，私にはその違いがわからないのです。何が違うのですか？」

いずれの質問も，その先生にとっては大きな問題ですが，「課題づくりについては自分は大丈夫」という顔をされている先生もいます。算数の授業づくりで困る場面は，100人いれば100通りあるということなのでしょう。

本書は，私が今までに出合ってきたそんな様々な算数授業に対する疑問や悩みを踏まえつつ，算数授業をより愉しいものにして，子どもの主体的な学びを促すような「しかけ」を，「図解」を通して紹介する１冊です。先生ご自身が興味のあるページから，読み進めていただけたらと考えています。

本書が愉しい算数授業づくりの一助になれば幸いです。

2023年３月

尾﨑正彦

CONTENTS
もくじ

第４章　話し合い・発表のしかけ

第５章　新たな問いを引き出すしかけ

第６章　板書のしかけ

第7章 ノート指導のしかけ

第8章 振り返り・まとめのしかけ

第9章 習熟・練習問題のしかけ

第1章 問題提示のしかけ

01
問題文とめあての違いを意識して使い分ける

1 「めあて」は授業冒頭には来ない

多くの算数の授業は，教師が問題文を提示することで始まります。しかし，その問題文はめあてではありません。問題文の横に「めあて」というカードを掲示する授業を見かけることがありますが，その使い方は間違っています。**「めあて」は，子どもの「問い」**だからです。

問いとは，子どもたちがうまく問題解決ができずに困っていることやはっきりとしないこと，頭の中がもやもやしている状態のことです。単なる問題文は，この条件には当てはまりません。例えば，「かけ算九九表のきまりを見つけよう」と問題文を提示し，その横に「めあて」カードを貼る授業を見かけます。かけ算九九表にきまりがあるかどうかは，最初の段階では子どもは知りません。それにもかかわらず，「きまりを見つけましょう。それが今日のめあてです」と教師が投げかけては，子どもの主体的な学びを奪ってしまいます。

2 「めあて」は子どもの問いが生まれてから板書する

では，めあてはどのタイミングで明示すればよいのでしょうか。

前述のかけ算九九表の授業であれば，問題文は次のように提示します。

かけ算九九表を完成させましょう。

この問題文を基に，子どもたちはかけ算九九表に答えを記入していきます。しばらくすると，子どもたちから次のような声が聞こえてきます。

「あれっ？　おもしろいことがあるよ！」

「九九表にはきまりがあるよ！」

子どもたちが，かけ算九九表のきまりに気づいたのです。しかし，まだそのきまりに気がついていない子どももいます。そこで，この場面で「かけ算九九表にはきまりがあるのかな？」と子どもの問い，つまりめあてを明示するのです。すなわち，**めあては子どもの「問い」が生まれた瞬間に明示する**のです。

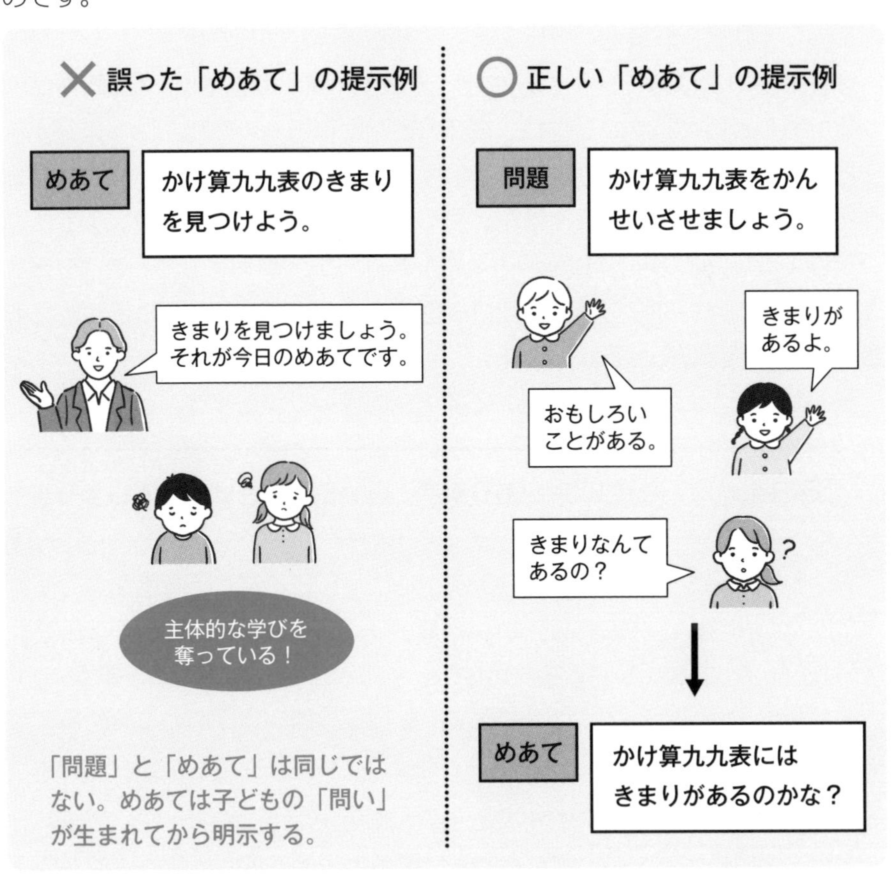

02
問題文は１文字ずつ板書する

1　問題文を板書することの意味

研究授業でよく見かける光景の１つに，問題文を教師が板書せずに，事前に準備した問題文が書かれた紙を黒板に貼る場面があります。

なぜ，このようなことをするのでしょうか。多くの先生は，「時間を節約するため」と答えます。しかし，授業の冒頭に提示する問題文は，板書することを省略しなければいけないほどの長文でしょうか。そんな長文による問題提示は通常では考えられません。長くても，３行程度の文章量なのではないでしょうか。この程度の問題文の長さであれば，教師が１文字ずつ板書するべきです。なぜなら，**１文字ずつ板書することで，子どものつぶやきを引き出すことが可能になるから**です。

例えば，次のような問題文を１文字ずつ板書していきます。

> 面積280㎠の平行四辺形があります。辺 AE の長さは何㎝でしょう。

実は問題文にはまだ続きがあります。しかし，ここまでの板書を見た子どもたちからは，「これじゃあ，わからないよ！」「辺 AEってどこなんですか？」「もっと情報がないとわからない…」などの声が聞こえてきます。

子どもたちが，たった１行の問題文に対して，前向きに関わり始める姿が生まれてくるのです。紙に全部書いた問題文を貼って提示したら，このような姿を引き出すことはできません。

問題文の提示場面で子どもの前向きな姿を引き出すためにも，問題文を１

文字ずつ板書することは大切なのです。

2 問題文は子どもにも視写させる

教師が板書した問題文は，子どもたちにもノートに視写させます。**1文字ずつノートに書くことによって，問題文の中のはっきりとしないことや必要な情報は何かなどを認識していくことができるから**です。

ノートに問題文を板書させる際には，次のように投げかけると効果的です。

> 先生と同じ速さで問題を写しましょう。

この指示で，子どもの視写スピードは向上します。また，**教師は子どもの視写スピードの実態に合わせて，板書スピードを調整します**。これで子どもたち全員が教師の板書と同じ速さで視写することができるようになります。

03
ズレを引き出す問題提示を行う

1　答えを求めたいのはだれか

５年「面積」の学習で，次の問題で始まる授業を見ることがあります。

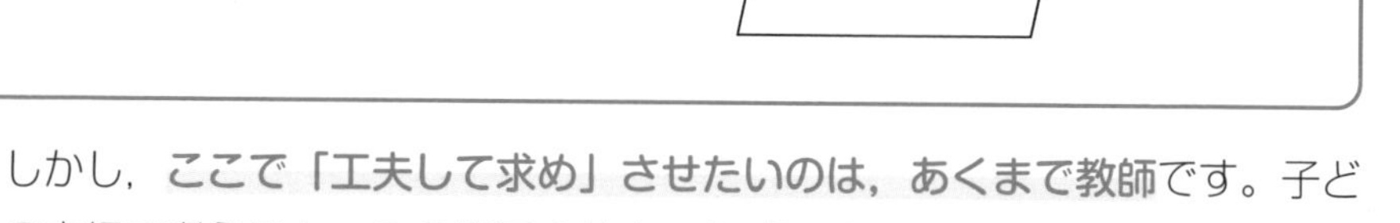

しかし，**ここで「工夫して求め」させたいのは，あくまで教師**です。子どもの立場で考えると，この提示の仕方では「工夫して求めたい」という前向きな思いは生まれてきません。

「主体的・対話的で深い学び」の視点からの授業改善が現行の学習指導要領では求められていますが，この提示の仕方では，そもそも子どもは主体的にはならないのです。

2「ズレ」を意識する

では，主体的な学びの姿を引き出す問題提示にするには，どんなことを意識すればよいのでしょうか。それは**授業のどこかで，子どもに「ズレ」を感じさせる**ことです。「**友だちの考えとのズレ**」「**予想とのズレ**」「**感覚とのズレ**」「**既習とのズレ**」がズレの主な様相です。これらのズレを感じた子どもは，その不安感を乗り越えたくなり，主体的に動き出します。

前述の「面積」の学習を例に考えます。この場面であれば，次のように投げかけます。

まわりの辺の長さが同じ長方形と平行四辺形，面積は同じでしょうか。

「辺の長さが同じなら，面積も同じだよ」「そうかなぁ，微妙に平行四辺形の面積が小さい気がするけど…」と，子どもたちの考えにズレが生まれます。これが「友だちの考えとのズレ」です。**ズレを実感した子どもたちは，果たして長方形の面積が広いのか，それとも面積は等しいのか調べたくなって動き出します**。ズレが主体的な学びを引き出していくのです。

✕ ズレが生まれない問題提示

平行四辺形の面積を工夫して求めましょう。

「工夫して求めたい」と思えない。

【ズレの４様相】
①友だちの考えとのズレ
②予想とのズレ
③感覚とのズレ
④既習とのズレ

○ ズレが生まれる問題提示

まわりの辺の長さが同じ長方形と平行四辺形，面積は同じでしょうか。

辺の長さが同じなら，面積も同じだよ。

「友だちの考えとのズレ」が生じる！

そうかなぁ，微妙に平行四辺形の面積が小さい気がするけど…

04

想定外のつぶやきから“気持ち”を読解させる

1　想定外のつぶやきに向き合う

授業の導入で問題文を板書すると，板書した直後は教師の想定通りに授業が展開していくことが多いのではないでしょうか。ところが，しばらくすると想定とは異なるつぶやきや考え方が生まれてくることがあります。特にそれが研究授業などの場合は，困ってしまうこともあるでしょう。

このようなとき，どのように授業を展開したらよいのでしょうか。教師が想定していた展開へ強引にもっていこうとすると，多くの場合うまくいきません。なぜなら，子どもの思いとはかけ離れた展開になってしまうからです。授業では，子どもの思いに寄り添うことが大切だと言われます。そうだとしたら，**想定外のつぶやきや考えに寄り添って，自分の指導プランこそ修正していかなければならない**のです。

2　つぶやきの意味をみんなで読解する

想定外のつぶやきが生まれたときには，そのつぶやきや考えの意味を学級全体で読解していきます。3年「十の位のかけ算」を例にします。2，3，4，5の４枚の数字カードを提示し，次のように発問します。

> 「1□×□」の□に2～5の数字を入れ，答えが一番小さくなる式をつくろう。

子どもから生まれてきたのが,「12×３」と「13×２」の式でした。この式について,「えっ？」「同じだよ」というつぶやきが聞こえてきました。ここまでは想定通りです。ところが,「12と13はだいたい同じでしょ」「だから,だいたい同じ数が２個と３個なら,２個の方が小さくなる」というＲ子のつぶやきが聞こえてきました。想定外のつぶやきです。

そこで,この声の意味を学級全体で読解することにしました。

Ｒ子さんの気持ち,わかるかな？

つぶやきの背後にある“気持ち”を読解させるのです。すると,その意味が読解され,「だったら,十の位が２でも同じじゃないかな」と新たな問題が子どもから生まれてきます。本時でねらっていた計算の習熟ときまりを見つけることが,結果として想定以上にうまく具現できました。

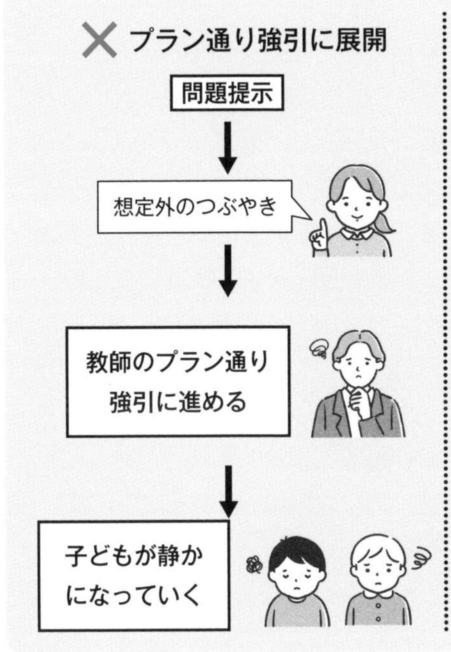

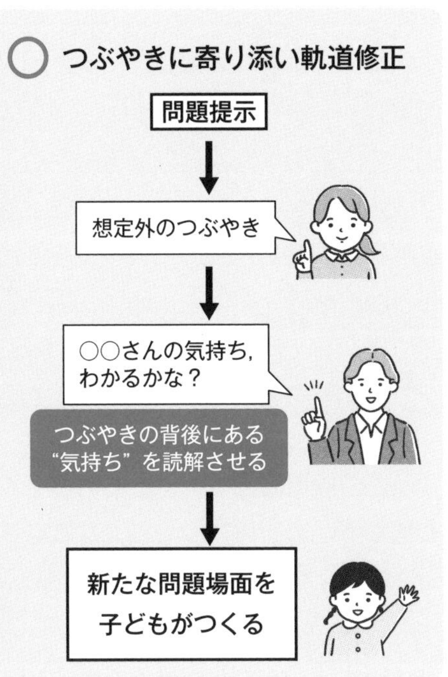

05

「知ってる」に振り回されず，困り感を引き出し，共有する

1 「知ってる」に振り回されない

問題を提示をした瞬間，「それ知ってる」と声が上がることがあります。

例えば，6年「分数のわり算」で，次の問題を提示します。

$\frac{2}{5}$分で$\frac{4}{10}$Lのジュースをつくる機械があります。この機械は，1分間では何Lのジュースをつくることができますか。

式は「$\frac{4}{10}\div\frac{2}{5}$」です。この式を見た瞬間に聞こえてくるのが，「知ってる」「$\frac{2}{5}$をひっくり返してかければいいんだよ」という声です。しかし，彼らが知っているのは形式的な計算方法で，ひっくり返して計算してもよい理由までは知りません。**授業で大切なことは，結果でなく，そこに至る過程に必要となる論理的な考え方**です。したがって，「知ってる」という声が上がったからといって，その声に教師が振り回される必要はないのです。

2 寄り添うのは子どもの「困り感」

前述の授業場面で，子どもの様子をよく観察します。すると，困っている表情の子どもを見つけることができます。**大切なのは，彼らの「困り感」を引き出し，学級全体で共有していくこと**です。

困っている子どもは，「分数のかけ算と同じように，計算すればいいんじゃないかな…？」と不安そうにその思いを語ります。前時まで分数のかけ算

を学習していたのです。その論理を，わり算にも適用しようと考えたのです。そこで，この気持ちの読解活動を行います。

「分数のかけ算と同じように計算する」って気持ち，わかるかな？

分子は4÷2＝2，分母は10÷5＝2で1Lとなります。図で確認すると，この答えで間違いないことが見えてきます。このように，子どもの困り感に寄り添って展開を進めることで，「知ってる」と声を上げた子どもとは異なる方法を見つけることができたのです。ここから先は，「知ってる」子どもも「知らない」子どもも，同じ土俵で論理的な考え方を鍛えていくことになります。

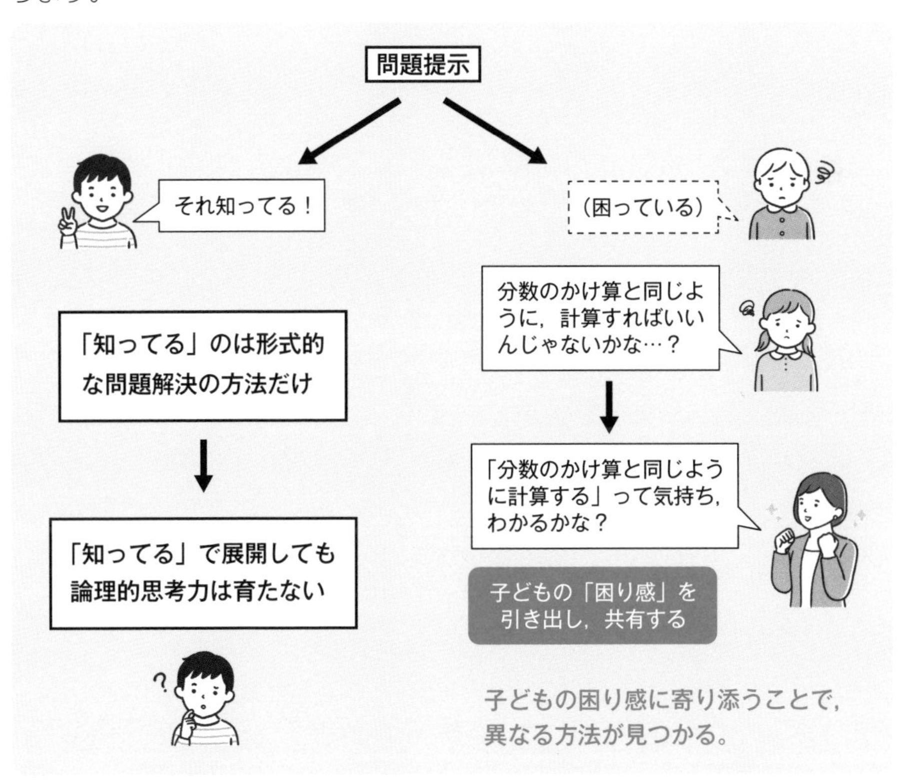

第2章　問いを引き出すしかけ

06
問題に対する素直な思いを自由に表出させる

1　問題を板書しながら子どもの反応を見取る

教師には，予め用意した授業冒頭に提示する問題があります。この問題を板書する際，何を考えているでしょうか。

「静かに素早くノートに写してほしいなぁ」

こんなふうに思っている先生も多いのではないでしょうか。

ところが，子どもは静かに問題文を視写はしません。

６年「分数×整数」の授業の１コマです。黒板に次の問題を書きます。

> １本が□ｍのテープを４本つくります。テープは全部で

ここまで書いたところで，「あれっ，かけ算なんだ」「だったら，□が４なら簡単」「□が２でも簡単」といった声が聞こえてきました。**これらの声は，子どもが問題に主体的に関わり始めた証拠**です。これらの声を板書で見える化したり授業で取り上げたりすることが，主体的な学びの姿を培うためにも大切なのです。

2　子どもの反応から授業を展開する

上の問題文の続きは，「何ｍですか」でした。

そこで，全文を書き終えたところで，先の子どもの声を学級全体に投げ返すのです。

「簡単な数がある」って言ってたけど，どんな数が簡単なの？

子どもからは「整数」「１や２」という声が返ってきます。それと同時に，「小数だと少し面倒」「分数も面倒だな」「でも，真分数は簡単。帯分数だと大変そうだよ」「それなら，帯分数を仮分数にしたらいいんじゃないの」といった声が続きます。これらの声は，本時で子どもに取り組ませたいと考えていた内容そのものです。

このように，問題を静かにノートに写させるのではなく，**問題に対して頭に浮かんだことを自由に言わせ，それらの言葉を板書したり投げ返したりすることで，本時の核となる内容を子どもから引き出すことができる**のです。

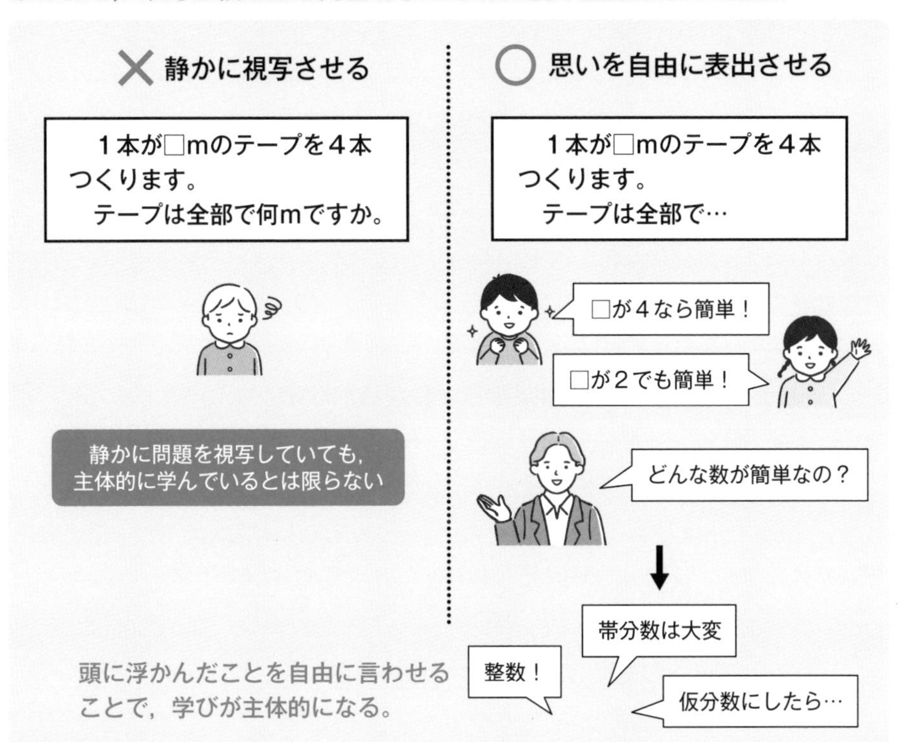

07
子どもの素直な思いを全体にそのまま投げ返す

1　素直な思いを授業の舞台にのせる

「素直さ」が子どもの成長には必須の条件だと言われます。これは授業場面でも同様です。子どもたちは新しい場面に出合うと，頭で感じたことを素直に表現します。授業では，これらの素直な思いを授業の舞台にのせることが大切です。具体例で考えます。３年生に次の問題を提示します。

> 「１□×□」の□に２～５の数字を入れ，答えが一番小さくなる式をつくろう。

子どもからは「12×３」「13×２」の２つの式が出てきました。２つの式の存在を知った瞬間に生まれたのが，「えっ？」「同じ！」という声です。

> 「同じ」っていう友だちの気持ちがわかるかな？

こうして，**素直な思いを学級全体で読解する**のです。「一の位の２×３も３×２も答えは６で同じだよ」「だから，答えも同じになる」と，子どもたちは考えます。気持ちの読解は，問いを引き出すポイントです。

2　素直な思いが新たな発想を引き出す

既習のかけ算の交換法則とつなげた声が生まれてきたのです。このような

素直な思いを，そのまま学級全体に投げ返すことが，「問い」を引き出すことにつながります。

> **だったら，12×３も13×２も答えは同じだね。**

この投げかけに，「同じ！」「違うよ！」と異なる声が上がります。「友だちの考えとのズレ」の表出です。すなわち**12×３と13×２の答えは同じなのか否かという「問い」が明確になった**のです。子どもたちは，計算を行わずに問いを解決する方法の話し合いを進めていきました。

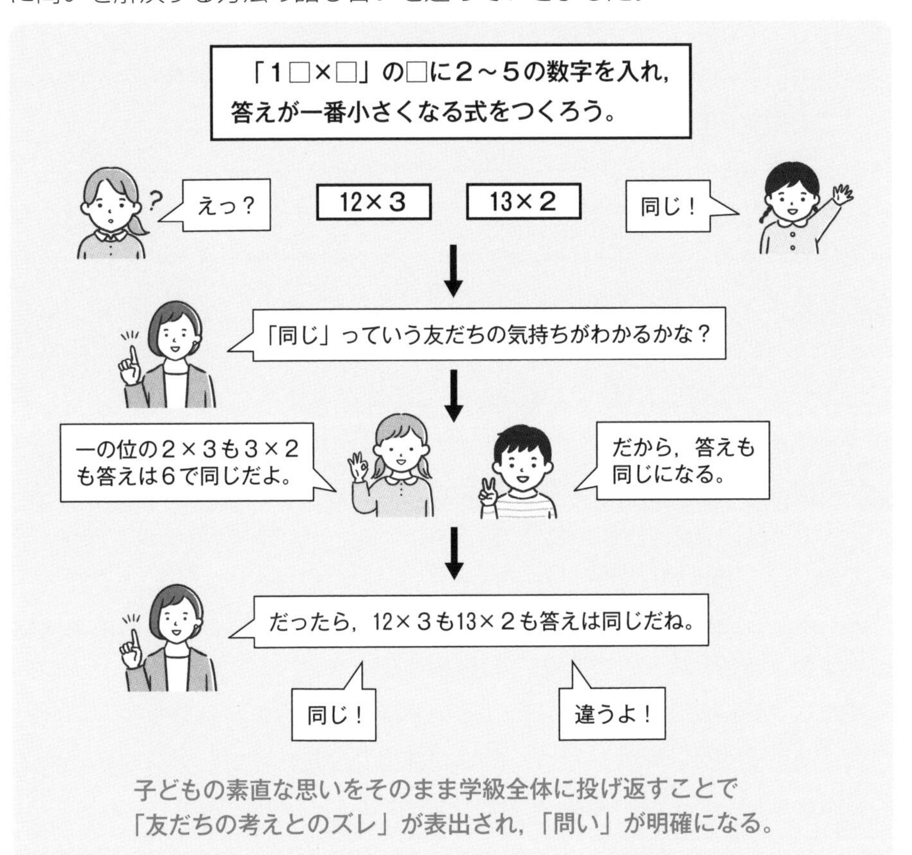

子どもの素直な思いをそのまま学級全体に投げ返すことで
「友だちの考えとのズレ」が表出され，「問い」が明確になる。

08
実験と問いの共有を繰り返す

1 「見通し」をもたせる必要性

問題解決“型”学習では，教師による問題提示の後，次のような教師の投げかけで，「見通し」と呼ばれる活動が展開されます。

> この問題の解決方法の見通しを発表しましょう。

しかし，この段階で子どもたちはまだ問題にじっくりと向き合ってはいないのです。それでも，妥当な解決方法につながる考えが発表されることは少なくありません。先行学習ですでに解決方法を知っている子がいるからです。

しかし，このようにして見通しをもたせることは，解き方を教えてもらうことと同じですから，**「問い」を感じさせるには逆効果**です。

2 シンプルに進め，引っ張らない

では，子どもに問いを感じさせるには，どうすればよいのでしょうか。

簡単なことで，**シンプルに問題提示後すぐにその問題を解決する活動（私は「実験」と呼んでいます）に入ればよい**のです。

ただし，問題解決“型”学習の「自力解決」のように，全員が答えにたどり着くまで引っ張るのではなく，**問いが見えてきた段階で，それを学級全体で共有していく**のです。教師は，そのタイミングを見逃さず，

「Ｔさんが○○で困っているんだけど，Ｔさんの気持ちはわかるかな？」

といった投げかけで，問いを共有させます。問いの共有ができると，

「だったら，○○の方法で解けるんじゃないかな？」

と問いを乗り越えるための解決策が自然に生まれてきます。そして，その解決策で問いを乗り越えられるか実験します。

実験を再開してしばらくすると，子どもたちは新たな問いに出合います。そこで，その問いを再び共有します。すると新たな解決策が生まれてきます。その方法で，再度実験開始です。

つまり，「**実験→問いの共有→解決策の共創**」を連続させながら，授業を展開することで，無理のない話し合いの流れをつくっていくのです。

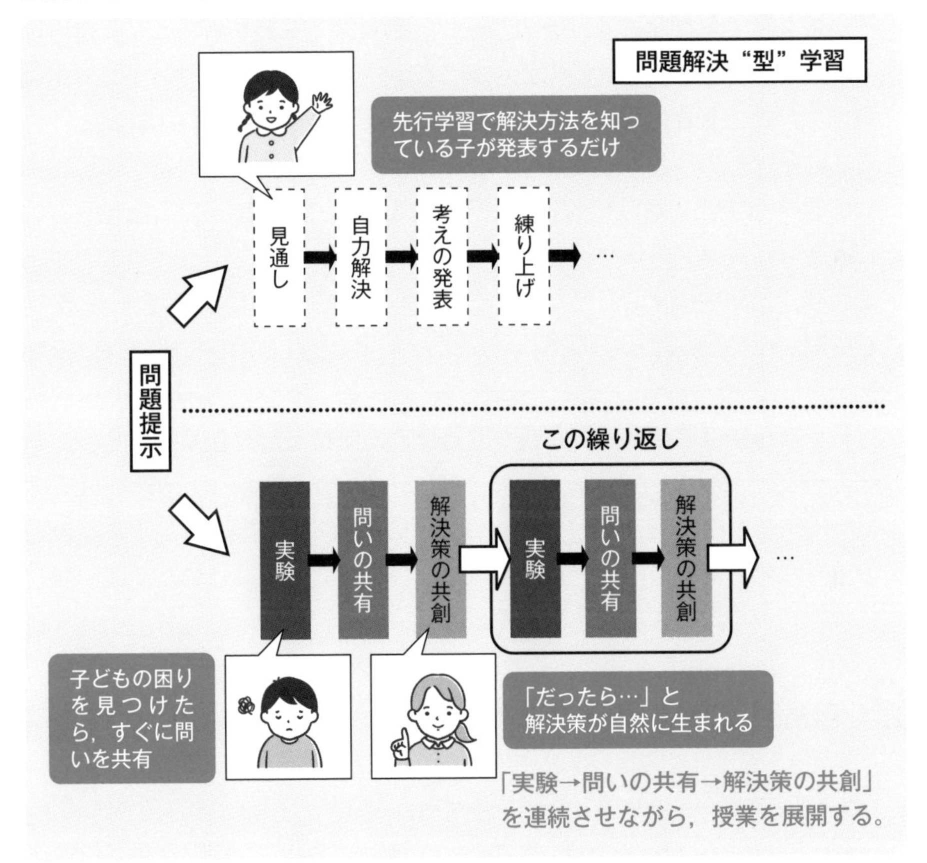

09
瀬戸際に立たせることで，問いの共有を徹底する

1 「めあて」シールを貼っても意味はない

授業が始まってしばらくすると，問題文の横に「めあて」と書かれた紙を貼る光景をよく見かけます。そのシールを貼れば，子どもたちは１人残らずその意味を理解したと言えるのでしょうか。

残念ながら，**子どもの理解は，大人が思うほど簡単には進みません**。「めあて」は子どもの「問い」でなければいけないことは，すでに述べました。問いの意味を学級全員が理解しているのであれば，「めあて」の紙を貼ることに大きな効果はありません。

例えば，問題提示後にＲ子が「できない」とつぶやき困っていたとします。これを問いと位置づけるのであれば，次のように子どもたちに投げかけます。

> Ｒ子さんが「できない」と言ってるけど，気持ちがわかるかな？

Ｒ子の気持ちを共有するのです。全員がＲ子の気持ちの読解ができるまで，この共有活動を継続します。Ｒ子の気持ちが共有できてはじめて，問いを学級全員が共有できたと言えるのです。

2 「問い」の共有は徹底する

問いの共有は徹底しなければいけません。問いの理解が曖昧な子どもがいるにもかかわらず，その後の問題解決に入ってしまったらどうなるでしょう

か。何が問題になっているのかを理解できていないのですから，ぼーっとした時間を過ごすだけでしょう。「めあて」というシールを貼って安心している先生には，こういった子どもたちの実態が見えているでしょうか。

問いの共有を徹底する方法は，様々あります。私は**全員を立たせて，次のような指示を出し，子どもたちを瀬戸際に立たせる**こともあります。

R子さんの気持ちがわかった人は座ります。

座った子どもにはその意味を説明させますから，“わかったフリ”はできません。徹底するのであれば，これくらいの指示は必要です。

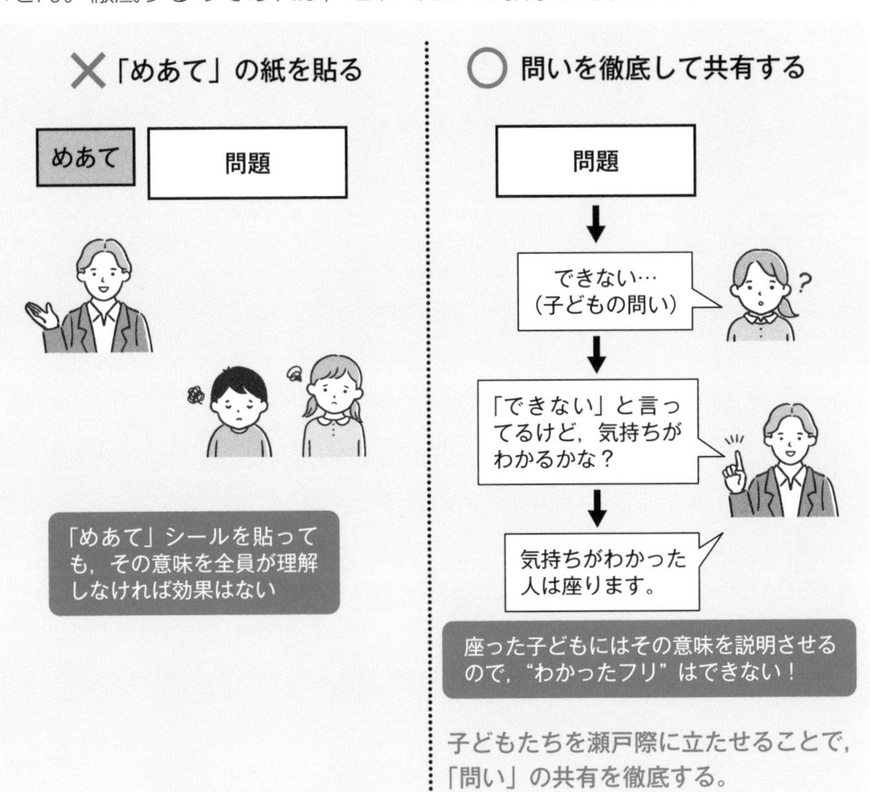

第3章 自力解決のしかけ

10
子どもの困りを事前に予想し尽くす

1 ヒントカードで子どもの何が育つか

教師からの問題提示直後に，「自力解決」の時間が設定されることがあります。この自力解決の時間，先生は何に注目しているでしょうか。

おそらく「問題に対する答えを求めることができているかどうか」が，最も気になる点ではないでしょうか。そして，答えを求めることに困っている子どもを見つけたら，その子にヒントを出して答えまでたどり着かせようとしているのではないでしょうか。**答えを求めることに困っている子どもに注目するのは大切なこと**です。

問題は，その後です。教師は，答えを知っています。そのため，少しでも早く答えまでたどり着かせてあげたいと考えてしまいます。そこで，ヒントカードなどを提示し，最短の解決方法を機械的に教えてしまっていることが多くないでしょうか。果たして，このような対応を自力解決場面で毎回継続していくことに，どんな意味があるのでしょうか。**困っている子どもは，教師から提示された“ヒント”と称される，半ば強制的な解決方法を使って答えにたどり着くことができるだけ**ではないでしょうか。そこに問題解決に向かう論理的な思考力は働いているでしょうか。こんなことを続けていたら，自分の頭で問いの解決方法を考えることはできなくなります。

2 子どもが何に悩んでいるのかを分析する

自力解決の場面で大切なのは，**子どもが問題解決のどの部分で困っている**

のかを分析することです。子どもが問題解決で悩むことにはそれほど多くのパターンはありません。したがって**授業前にどんな困りが生まれてくるのかはある程度予想がつく**はずです。この予想活動を事前に徹底して行っておけば，問題解決に困る子どもがいても，教師があたふたすることはありません。

教師が見取った困りを，その後の授業で取り上げていけば，主体的な学びを実現していくことができるのです。

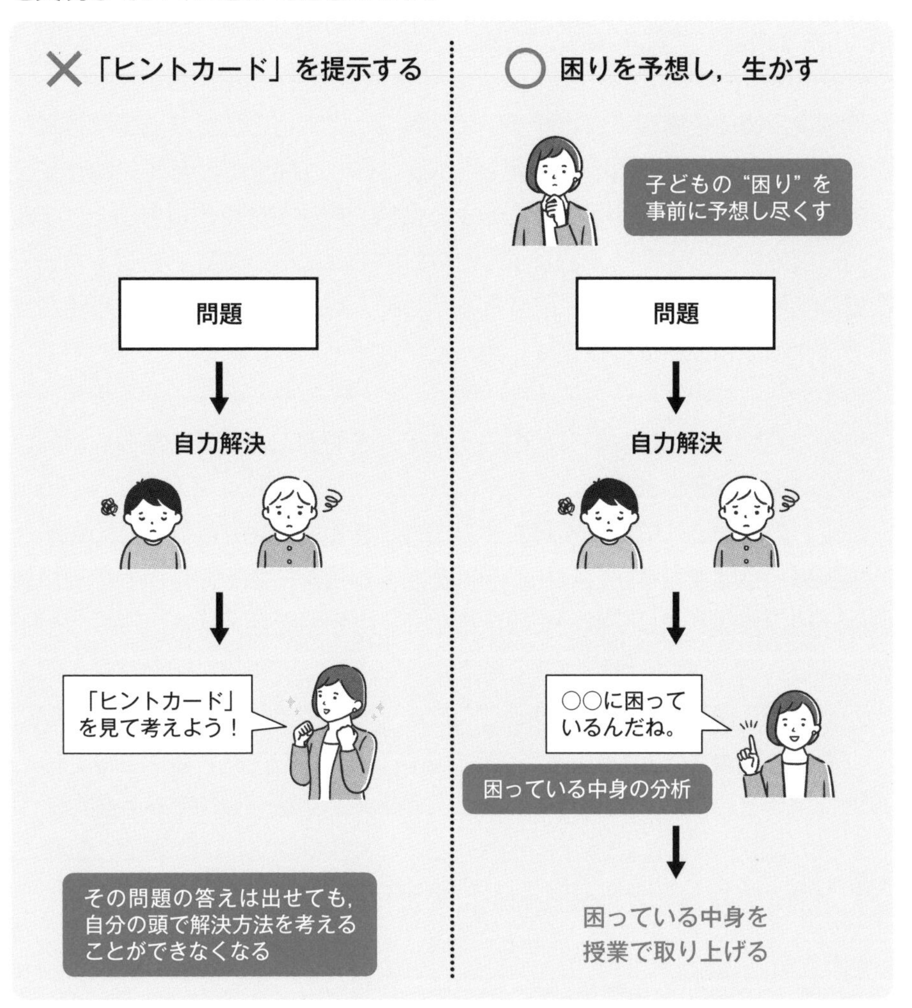

11
自力解決ではなく，“問い見つけ”を促す

1　自力解決で発生する教室の二極化

　問題提示後に位置づくことが多い自力解決とは，どのような活動だと思われますか。「自力」で問題を「解決」するから自力解決だと考えている先生も多いのではないでしょうか。このように自力解決を捉えてしまうと，学級全員に自分なりの答えを出させようと教師は必死になります。ヒントカードを提示する，細かくアドバイスするなどして，なんとか答えにたどり着かせようとがんばることになります。困っている子どもが１人なら，それで対応できるかもしれません。ところが，困っている子どもが何人もいるのが通常の学級の実態です。**ヒントなどのアドバイスを個別に行っていたら，時間はいくらあっても足りません**。

　さて，先生が必死に個別指導を行う一方，すでに問題を解決している子どももも多数いるはずです。これらの子どもたちが授業に飽きてしまうので，教師は「別の方法も探して解いてみましょう」と指示を与えます。

　しかし，この指示で別の方法で解きたくなるでしょうか。彼らが喜んで別の方法を探すのなら問題はありませんが，すでに自分なりの方法で答えにたどり着いたのです。それなのに，なぜ別の方法で解かなければいけないのでしょうか。子どもの立場で考えると，この指示は迷惑でしかありません。

2　問題提示後に自力解決は必要ない

　このような自力解決活動では，教室は二極化していきます。

そこで，見方を変えましょう。自力解決で全員が答えにたどり着かなければいけないのでしょうか。そもそも全員が答えにたどり着くことができたのなら，もうその後の話し合い活動は不要なのではないでしょうか。すでに答えはわかっているのですから。

自力解決は，解決しなくてよいのです。**問題提示後は，子どもが問題と向き合い，どこまではわかって，どこがわからないのかを明確に意識する時間だと捉えたらよい**のです。**自力解決ではなく“問い見つけ”の時間**だと考えるのです。ここで子どもたちが自覚した問い（困っていること）を，授業で取り上げていくわけです。

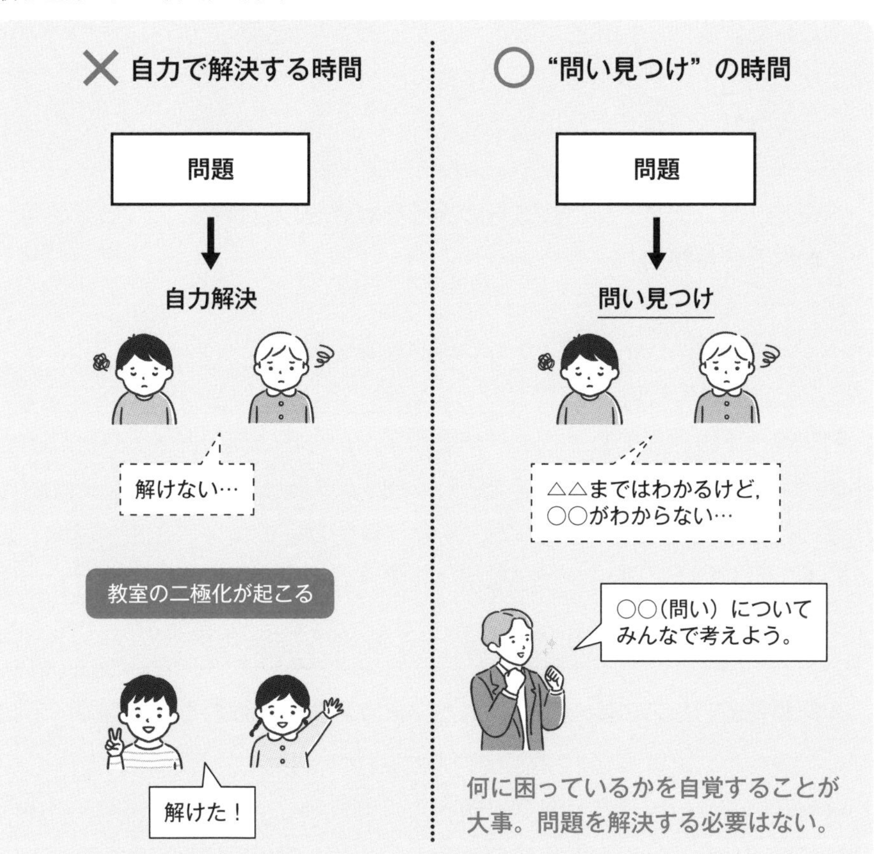

12
困りから再スタートする２段階の自力解決を仕組む

1　困った場面で授業を止める

前項で，自力解決の時間は“問い見つけ”の時間と捉えることが大切だと述べました。では，具体的にはどのように授業を展開していけばよいのでしょうか。

６年「分数×分数」を例にします。子どもたちに次のように投げかけます。

> 縦$3\frac{3}{4}$m，横$2\frac{1}{3}$mの長方形の面積を計算をしないで，図から求めることはできるかな。

子どもたちは，ノートに向かって作図を始めました。「問い見つけ」のスタートです。

図を使って面積を求めることは既習です。したがって，作図自体はできます。ところが，ここで何人もの子どもたちの鉛筆が止まっている姿が見えました。何かに困っているのです。ここでいったん授業を止め，以下のように全体に投げかけます。

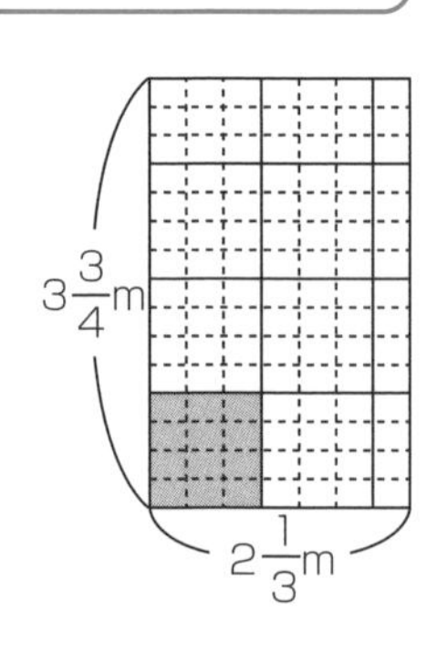

> 図が完成したのに困っている人がいます。気持ちがわかるかな？

授業を止めて，困りを共有する時間を設定するのです。**ポイントは「気持ち」を問うこと**です。人の気持ちならフランクに語れるからです。

2 困りから２回目の自力解決へ

困りを学級全体で共有していきます。この例であれば，「分子の場所は図全体だとわかるけど，分母の場所がわからない」という困りを共有し，「問い」を明確化していきます。

問いが明確になると，その解決策が子どもから生まれてきます。しかし，**まだそれは一部の子どもだけのものなので，解決のためのヒントを語らせます**。この例であれば，「分数の基は１ｍの正方形」「分数の基準はいつも１」などの声が上がります。これらのヒントで，分数の場所が見えてきます。解決策が見えてきたところで，分母の数を調べる２回目の自力解決へと入るのです。このように，**一度で自力解決を目指すのではなく，困りから生まれる問いを中核点に２段階で展開すればよい**のです。

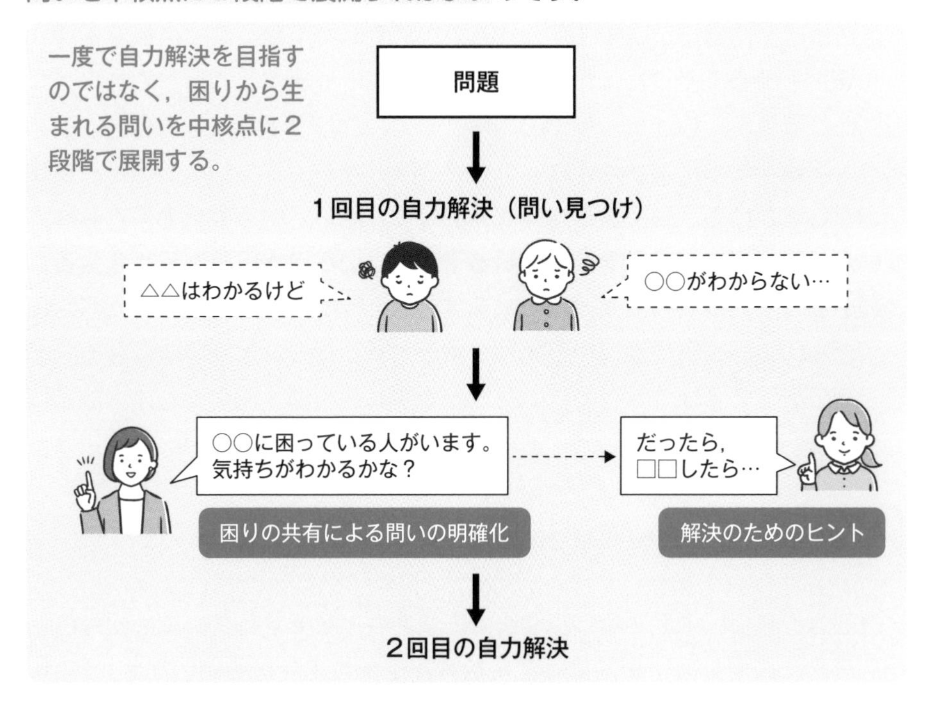

13 つぶやきや姿を予測し，見逃さずにキャッチする

1 木を見て，森も見る

自力解決の前半は，“問い見つけ”と捉えることの大切さを述べてきました。この場面で大切なことがあります。それは**教師の子どもを見る目**です。子どもたちの自力解決の様子を見ながら，困ってつぶやいている子どもや，困った表情をしている子どもを見つけるのです。それらの困りがその後の授業の「問い」へとつながっていくからです。

ところで，問題提示直後に何をされているでしょうか。すぐに机間指導に入る先生もいることでしょう。ここで困りをキャッチすることができれば問題はありません。しかし，多くの場合，一人ひとりの指導に注力し過ぎるあまり，学級全体の状況が見えなくなってしまいがちです。したがって，**机間指導をしながらも，随時教室全体を見回して，困っている表情の子どもはいないか，困ってつぶやきを発している子どもはいないかにアンテナを張ることが必要**です。「木を見て森を見ず」にならないようにすることが大切です。

子どものつぶやきや表情から困りをキャッチしたら，次に必要になるのがこの困りを学級全体で共有していくことです。これは，前項でも述べた通りです。

2 「問い」につながるつぶやきや姿を予測する

さて，これらの子どものつぶやきや表情をキャッチするために必要なことがあります。それは，**事前に「こんな声が生まれてきたらいいなぁ」「こん**

な姿が見られたらいいなぁ」と予測しておくことです。

例えば，「問題提示と同時に，提示された図形の長さを定規で測る姿が生まれたらいいなぁ」「斜めの図形提示に合わせて，首を傾ける子どもがいたらいいなぁ」などと予測します。このような予測をしておくことで，これらの姿が見えたときに「来た来た！」とその姿を瞬時にキャッチすることができるのです。

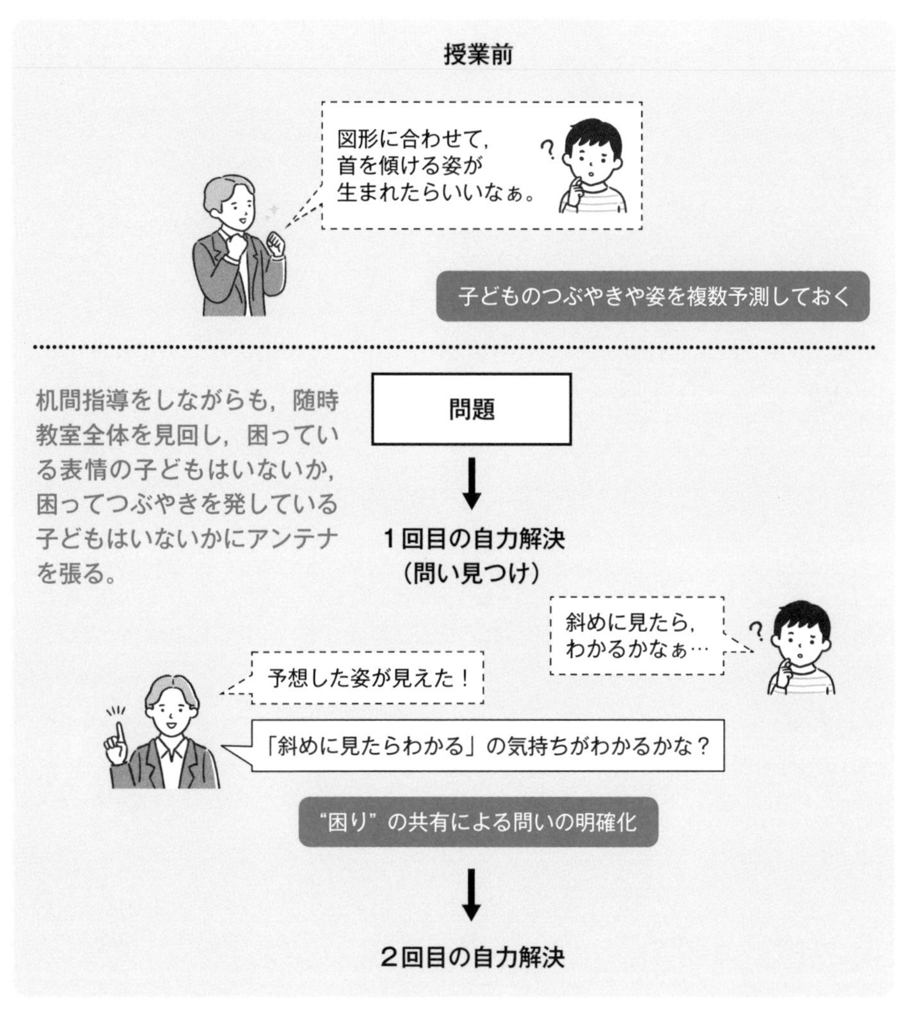

第4章　話し合い・発表のしかけ

14
説明を短く区切り，「ね？」をつけさせる

1　子どもは発表を聞いていない

「話し合い」の活動場面で，代表の子どもが自分の考えを発表することがあります。その話を子どもたちは本当に聞いているでしょうか。「しっかり聞いている」と考える先生もいらっしゃるかもしれません。それでは，試しにある子ども（T君）の発表途中で，その説明を止めてみましょう。そして，次のように尋ねてみてください。

T君は今なんと言ったかな？　同じことを言ってみましょう。

多くの場合，T君の発言を再現できる子どもは，半数ほどしかいないはずです。低学年の場合は，3割ほどしかいないこともあります。

このことが物語るのは，**子どもたちは，聞いているフリはしていても，本当に友だちの話を聞いているとは言えない**ということです。

2　説明が下手だから，なおさら聞かない

なぜ，子どもは友だちの話を聞かないのでしょうか。それは，**子どもたちの説明が下手だから**です。

台形の面積の求め方を例にします。子どもは次のように説明しました。

「私は台形がそのままでは面積が求められないので，2つをくっつけて平行四辺形をつくってみて，そうすると下の辺の長さが下底＋上底の長さにな

って，上の辺の長さも上底＋下底の長さになって，高さは変わらないからかけて，でも面積は本当の台形の２つ分だから最後に２でわります」

ちゃんと聞いていたとしても，この説明について来られる子どもは少数でしょう。なぜなら，１文が長過ぎるからです。**“聞かせる”説明の絶対条件は，１文の長さを短くすること**です。この場面なら，「台形はそのままでは面積が求められません。だから，２つをくっつけて平行四辺形をつくります。そうすると，下の辺の長さが下底＋上底の長さになります。…」のように１文を短くします。

さらに，**各文末に「ね？」をつけるとより効果的**です。「そうすると，下の辺の長さが下底＋上底の長さになりますね？」と話すのです。「ね？」がつくことで，聞く子どもから自然に「はい」または「いいえ」という反応が生まれてきます。

このように，**発表することと聞くことが双方向になるようなしかけが必要**です。

✕ １文が長過ぎる説明

私は台形がそのままでは面積が求められないので，２つをくっつけて平行四辺形をつくってみて，そうすると下の辺の長さが下底＋上底の長さになって，上の辺の長さも上底＋下底の長さになって，高さは変わらないからかけて，でも面積は本当の台形の２つ分だから最後に２でわります。

○ １文を短く区切り，文末に「ね？」をつけた説明

はい！

台形はそのままでは面積が求められません<u>ね？</u>

だから，２つをくっつけて平行四辺形をつくります。

そうすると，下の辺の長さが下底＋上底の長さになります<u>ね？</u>

発表することと聞くことが双方向になる。

15
板書した子どもに
すべてを説明させない

1　「いいでーす」で「いい」のか

発表場面でよく見られるのが，黒板に式や図をかいた子どもが，その考え方をすべて説明していく光景です。

台形の面積の求め方の場面を例にします。

K男が右の図をかき，説明を始めました。

「ぼくは，同じ大きさの台形を，隣に反対向きにくっつけました。これで平行四辺形ができます。平行四辺形の面積なら求めることができます。この平行四辺形の底辺は10㎝，高さは４㎝なので，面積は10×４＝40㎝^{2}です。でも，台形はこの半分なので40÷２を計算して，20㎝^{2}になります。ぼくの説明はわかりましたか？」

この説明を聞いていた子どもからは，「わかりました」「いいでーす」などの声が一斉に上がります。果たして，これで本当に「いい」のでしょうか。

2　学級全員を巻き込む

「いいでーす」の声が聞こえたからといって，子どもたちは説明内容を本当に理解しているのでしょうか。残念ながら，**一定数の子どもは理解していなくても「いいでーす」と声を上げているのが実態**です。経験的に言うと，多くの場合，３割前後の子どもは「いいですか？」と問われたら，わかっていなくても「いいでーす」と条件反射のように答えています。

では，聞いている子どもの理解度を高めるにはどうすればよいかというと，

板書した子どもにすべてを説明させないことがポイントになります。前述のK男の発表であれば，「ぼくは，同じ大きさの台形を，隣に反対向きにくっつけました」のところで，K男の発言を止めます。

K男君の発表は続きがあるんだけど，次に何て言うかわかるかな？

そして，上のように投げかけ，**続きを学級全員に考えさせるのです**。「反対向きにくっつける」がヒントになるので，この続きを考えることはクイズ感覚になってきます。この後も同様にして，学級全員を巻き込みながらK男の発表の続きを考える展開で進めるのです。

✕ 板書した子どもがすべて説明する

いいでーす！

ぼくは，同じ大きさの台形を，隣に反対向きにくっつけました。これで平行四辺形ができます。平行四辺形の面積なら求めることができます。この平行四辺形の底辺は10cm，高さは４cmなので，面積は10×４＝40cm²です。でも，台形はこの半分なので40÷２を計算して，20cm²になります。ぼくの説明はわかりましたか？

本当はわかっていない子も一定数いる

○ 説明の続きを学級全員に考えさせる

ぼくは，同じ大きさの台形を，隣に反対向きにくっつけました。これで…

ストップ！
K男君の発表は続きがあるんだけど，次に何て言うかわかるかな？

平行四辺形になるから…

学級全員を巻き込んだ発表場面に変換！

16

友だちの気持ちを語らせる

1　気持ちは言いやすい

「あなたの考え方を説明してください」と指示すると，途端に尻込みする子どもはかなりいます。「きちんと発表しなければ…」「私の考えは正しいのか不安…」などの思いが，その原因かもしれません。

そんな子どもたちでも，もっと素直に考えを発表させるよい手立てがあります。それは**友だちの気持ちを語らせること**です。**自分の考えを説明するのは難しくても，友だちの気持ちを語ることへの抵抗感はかなり低い**のです。

2　正しいか否かは問わない

6年「分数のわり算」を例に考えます。

> $\frac{1}{2}$分で$\frac{4}{6}$Lのジュースをつくるマシンがあります。このマシン1分間では，何Lのジュースをつくることができますか。

式は「$\frac{4}{6}\div\frac{1}{2}$」になります。この式を見たS男が「かけ算と同じに計算すればいいんじゃないの？」と声を上げました。既習の分数×分数の計算方法がここでも使えると考えたのです。ここで，S男の気持ちを問うのです。

> S男君が「かけ算と同じ」と言っているけど，気持ちがわかる？

S男の分数×分数の計算方法が使えるという考え方が正しいか否かは，気持ちを読解する場面では問われません。友だちの気持ちを自由に読解し，その内容を発表することは，自分の考えを発表するよりも気楽に行えるのです。

「分数のかけ算は，分子×分子，分母×分母だったから，わり算も分子÷分子，分母÷分母で計算できるって，S男は言いたいんじゃないのかな」

気持ちを読解させる指導を何回も取り入れていくと，子どもたちの友だちの発表を聞く姿勢に変化が見られるようになります。**友だちの発表に対して，明らかな誤答であっても，「気持ちはわかるよ」と声を上げるようになってくる**のです。ここまで学級が育てば，発表に対する心理面のハードルもかなり低くなります。

× 自分の考えを説明させる

きちんと発表しなければ…

私の考えは間違ってるかも…

あなたの考え方を説明してください。

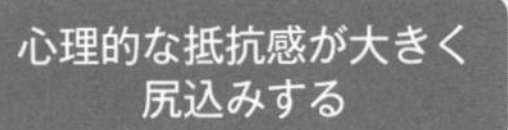

○ 友だちの気持ちを語らせる

かけ算と同じに計算すればいいんじゃないの？

繰り返していると，明らかな誤答であっても，「気持ちはわかるよ」と声を上げるようになってくる。

S男君が「かけ算と同じ」と言っているけど，気持ちがわかる？

分数のかけ算は，分子×分子，分母×分母だったから，わり算も分子÷分子，分母÷分母で計算できるって，S男は言いたいんじゃないのかな。

17
“わからなさ”を価値づけ，自由に表現させる

1 “わからなさ”を素直に表現できているか

問題解決の場面で，「これってどうしたらいいの？」「なんで？」などの疑問や“わからなさ”を子どもが実感することはたびたびあります。それを，授業の中で子どもたちは素直に表現できているでしょうか。

対話的な学びや深い学びが大切だと言われていますが，それらの前提条件として必要なのが，子どもたちが自分のわからなさを素直に表現できることです。それは，**子どものわからなさに寄り添い，その解決方法を学級全体で考えていくということが授業の基本コンセプトだから**です。

2 “わからなさ”を価値づける

子どもにとって「これってどうしたらいいの？」「なんで？」などのわからなさを表現することは，心理的には抵抗感があります。それは自分がわかっていないということを白日の下にさらすことになるからです。

そこで大切なのが，教師の役割です。子どものわからなさの表現をキャッチし，授業の舞台へとのせていくのです。私は子どもから生まれた「どうして」などのわからなさの表現を，板書に位置づけます。板書に位置づけたとたん，マイナス的な意味合いの子どもの捉えに変化が生じます。実際の授業で，「ねぇ，R子さんの『どうして』って言葉を先生が黒板に書いてくれたよ。よかったねR子さん」という，子ども同士のやりとりの中に板書の効果の意味が見られたことがあったからです。

前項の6年「分数のわり算」を例にします。「$\frac{4}{6}\div\frac{1}{2}$」の計算は，分子÷分子，分母÷分母でも計算ができます。ところがこれを見たR子から，「でも，われなかったらどうするの…」という声が上がりました。この声を私はすぐに板書に位置づけます。この声を基に，その後，われない場合の計算の仕方を見いだしていきました。その際，「R子さんが疑問の声を上げてくれたおかげで，どんな分数でも計算ができることがわかったね！」とR子の疑問の声を価値づけます。

このように，**教師が子どもの疑問の声を価値づけることを繰り返す中で，子どもたちはわからなさを素直に表現することができるようになっていく**のです。

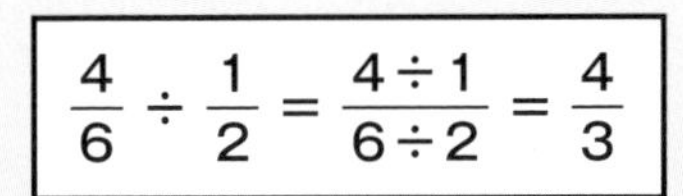

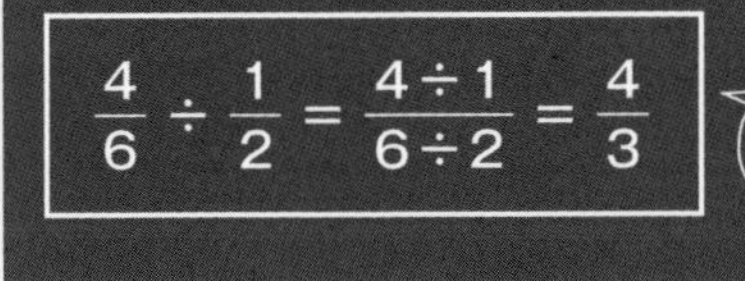

疑問の声を板書する

教師が子どもの疑問の声を価値づけることを繰り返す中で，子どもたちは“わからなさ”を素直に表現することができるようになっていく。

18
発表に集中しつつ，聞く子どもの視線を見渡す

1 教師がしっかり聞くことの大切さ

子どもが黒板の前で，自分の考えを発表します。そのとき，先生はどこで何をしているでしょうか。発表している子どもの発言を簡潔に板書する先生もいるでしょう。子どもの中に入って，子どもと同じ目線で発表を聞く先生もいるでしょう。どのようなスタイルであっても，その際に大切なことがあります。それは，発表している子どもの一挙手一投足，一言一言にしっかりと集中することです。**教師に発表者の発言をしっかり聞く姿勢がなければ，子どもたちにもその姿勢が育つはずはありません。**

6年「データの活用」の学習で，ソフトボール投げのデータがノートに収まりきらないので，「0人のデータは省略する」というアイデアが生まれてきました。それに対する反論の中で，N男が「ないものもかかないとわかりにくい」という言葉をつぶやきました。0人のデータを省略したグラフの不自然さを指摘する声です。わずか1秒ほどの言葉ですが，的を射た指摘です。このような言葉を聞き逃さない教師のアンテナが大切なのです。授業では，N男の言葉をきっかけに，柱状グラフの見方へとつながっていきました。

2 聞く子どもの「視線」を見渡す

発表者にアンテナを張ることと同時に大切なことは，**聞いている子どもたちの様子，中でも彼らの「視線」を見渡すこと**です。

真剣に話を聞いていれば，子どもの視線は発表者やそこでの話題に登場す

る板書内容に向けられます。

しかし，そうでないこともあります。それは，発表者の説明が子どもたちに届いていないことを意味しています。そんなときには，発言をいったん止めて，話が伝わっているかを確認していきます。

教師は，発表者だけではなく，聞く子どもの視線にも同時にアンテナを張る必要があるのです。

19
価値ある見方・考え方を学級全員に再現させる

1　子どもの発言を分析しながら聞く

現行の学習指導要領では，「数学的な見方・考え方」を働かせ，豊かにすることの大切さが強調されています。特に，対話的な学びの場面では，本時で大切な見方・考え方が発揮される場面が多くあります。

３年「２けたをかけるかけ算」の学習を例にします。

「21×24=504」「12×42=504」「23×64=1472」「32×46=1472」と順に計算に取り組みました。答えが等しくなる計算が２問ずつ続いています。この結果を見たＳ子が，「同じ答えになる秘密がわかった！」と声を上げました。Ｓ子の声をきっかけとして，他の子どもたちも「私も秘密が見えた！」「だってね，21×24の一の位は１×４で４，十の位は２×２で４。12×42の一の位は２×２で４，十の位は１×４で４。どっちも同じだ」「23×64と32×46もそうなってる」と声を上げました。位ごとの数の構成に視点を当てたよい見方・考え方が生まれてきました。話し合い（対話的な学び）の場面では，**子どもたちの発言やノートなどを分析し，価値ある見方・考え方の表出を見逃さないことが大切**です。

2　全員再現で見方・考え方は豊かになる

Ｓ子の見つけた秘密は，単にその説明を聞いただけでは，どの子も本当に理解できたかわかりません。そして，見方・考え方は，一人ひとりが働かせなければ，豊かにはなっていきません。

そこで必要になるのが，価値ある見方・考え方を，言葉や文章で学級全員に再現させる活動です。

この授業では，次のように指示しました。

> **S子さんの見つけた秘密を，隣同士で説明し合いましょう。**

S子の見つけた秘密を再現できれば，その見方・考え方を理解できたと考えられます。さらに，次のように指示を行うとより効果的です。

> **説明が終わったら，説明したことをノートに書きましょう。**

説明で再現，ノートに再現と，状況に応じて再現活動を取り入れていくことで，学級全員の見方・考え方が豊かになっていきます。

21×24＝504　12×42＝504
23×64＝1472　32×46＝1472

説明で再現，ノートに再現と，状況に応じて再現活動を取り入れることで，学級全員の見方・考え方が豊かになっていく。

20
子どもの説明が聞こえないフリをする

1　教師の親切心が子どもの聞く態度を崩す

子どもが自分の考えを説明します。その中には，うまく説明ができない子どももいます。そんな子どもの説明に出合ったとき，どのように対応されていますか。

よく目にするのが，**教師がうまく説明ができない子どもの話をわかりやすく解説し直す光景**です。きっとその子どものためを思った親切心から行った行為なのでしょう。

しかし，この行為が続くと負の側面が大きくなります。それは，子どもたちが友だちの説明を真剣に聞かなくなるのです。なぜなら，「先生が説明し直してくれるから，友だちの話はちゃんと聞かなくても大丈夫だ」と思ってしまうからです。教師の親切心が，子どもの聞く態度を崩すことにつながるのです。

2　教師は聞こえないフリをする

では，このようなうまく説明できない場面に出合ったら，どうしたらよいのでしょうか。それは簡単です。もし**教師がその話を理解していたとしても，聞こえないフリをする**のです。

> よく聞こえなかったから，もう一度言ってもらえる？

このように投げかけます。**「よくわからないから」ではなく，「よく聞こえなかったから」と言うことがポイント**です。うまく説明できない子どもの中には，発表が苦手なのに勇気を振り絞って手をあげた子どももいます。そんな子どもの場合，「よくわからないから」と教師から言われると，発表に対する苦手意識が強まってしまいます。

もう一度言ってもらってもうまく伝わらない場合には，**「○○まではわかったけど，その後が聞こえなかったから，そこからもう一度言ってみて」など，発表内容を区切るような声かけも効果的**です。

✕ 教師がわかりやすく解説し直してしまう

台形をもう１つ横に反対向きでくっつけていって，そうなると平行四辺形になって…

つまり○○…ということですね。

わからないけど，先生の説明を聞けばいいや…

○ 教師は聞こえないフリをする

台形をもう１つ横に反対向きでくっつけていって，そうなると平行四辺形になって…

よく聞こえなかったから，もう一度言ってもらえる？

発表内容を区切る

○○まではわかったけど，その後が聞こえなかったから，そこからもう一度言ってみて。

「よくわからないから」ではなく，「よく聞こえなかったから」と言う（「よくわからないから」と教師から言われると，発表に対する苦手意識が強まる）。

第5章 新たな問いを引き出すしかけ

21
聞いている子どもに説明の再現を求める

1　「わかりましたー！」に騙されない

子どもたちの発表場面。発表の最後に「私の考えはわかりましたか？」と尋ねます。そのときに聞こえてくるのは「わかりましたー！」という元気のいい返答。「わかりません」という声が聞こえてくることは多くありません。でも，友だちの説明をたった１回聞いただけで，その内容をすぐに理解することが本当にできているのでしょうか。

実は，**子どもの理解は一直線では進みません。行きつ戻りつを繰り返しながら，少しずつ理解を深めていく**のです。したがって，「わかりましたー！」と声が上がったからといって，聞いていた子どもたち全員がすぐに理解ができたと考えるのは早計です。

2　聞いている子どもの表情から理解度を探る

発表する子どもの説明時間が長くなると，聞いている子どもの顔は下を向いていきます。この**顔を下に向けている状態というのは，説明が理解できていないことの１つのサイン**です。にもかかわらず，このような状態の子どもたちから「わかりましたー！」と声が上がったとしたら，理解できていないと考えた方がよいでしょう。

発表場面では，聞いている子どもたちが十分に理解しているのかどうかを教師が的確に判断する必要があります。

そこで，「理解が不十分だなぁ…」と判断した際には，次のように子どもたちに投げかけてみます。

> 今の説明をもう１回説明できる人は，手をあげてください。

本当に友だちの説明を聞いていれば，同じ説明を繰り返すことはそれほど難しいことではありません。しかし，「わかりましたー！」と声を上げたものの，顔が下を向いていた子どもは，ここで手をあげることはできないのです。

上のような教師からの投げかけが継続的に行われていくことで，子どもたちの説明を聞く態度も次第に真剣になっていきます。ぼーっと聞いていては，説明を再現することはできないからです。

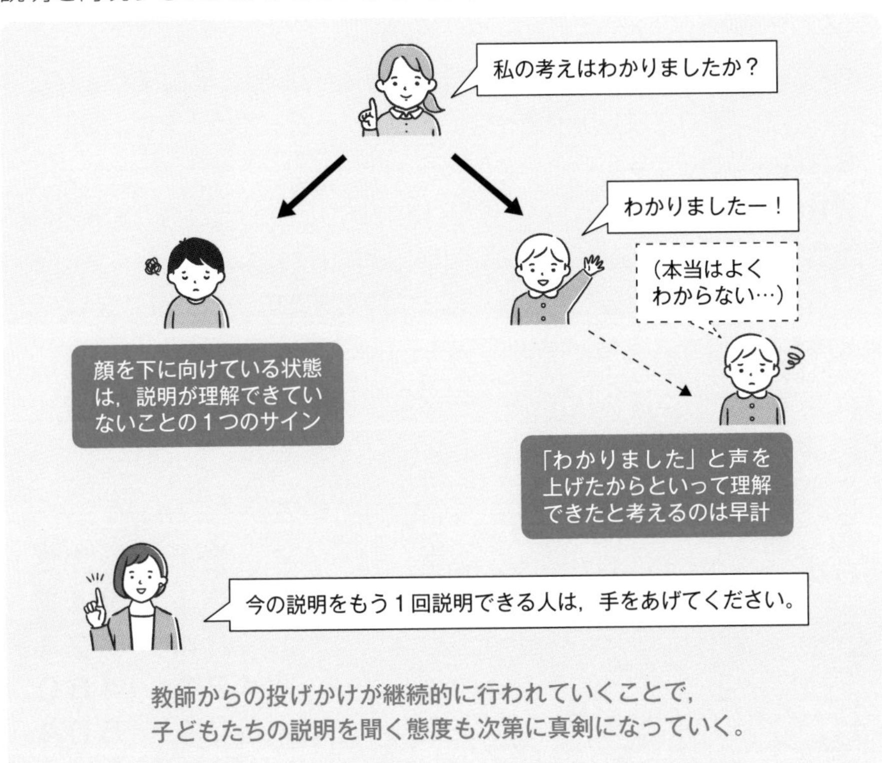

22

偶然性を問いかけ，一般化を迫る

1　学びを深めるとは

現行の学習指導要領では「主体的・対話的で深い学び」の視点からの授業改善が強調されています。中でも「深い学び」は授業改善の最終ゴールです。では，深い学びとは，具体的に子どもがどのような姿になればよいのでしょうか。

教師から提示された難しい問題を解くことは，深い学びではありません。教師から提示された難しい問題を単に解いているだけでは，そこに子どもの主体性はないからです。

算数における深い学びとは，「見つけたきまりは，もっと他の問題でも使えるのかなぁ」「形が変わったら，今の求め方は使えないかもしれないぞ」といったように，**子どもたち自身が新しい問題場面をつくり出していく姿が見られる学び**です。

2　偶然性を問いかける

３年「2けたのかけ算の筆算」の１場面です。

右のような２つの計算問題に取り組みました。計算を終えた子どもから，次の声が聞こえてきました。

$$\begin{array}{r} 21 \\ \times\ 24 \\ \hline 84 \\ 420 \\ \hline 504 \end{array} \qquad \begin{array}{r} 12 \\ \times\ 42 \\ \hline 24 \\ 480 \\ \hline 504 \end{array}$$

「2つとも答えが同じだね」

「筆算のかけられる数とかける数の一の位と十

の位を縦に計算すると，どっちも４で同じ答えになっている」

２つの式の共通点に気がついたのです。算数では，このように複数の情報から共通点に気がつく場面が多々ありますが，深い学びにつなげるためには，この後の発問が大切です。

縦に計算して答えが同じになるのは，たまたまだよね？

このようにして，偶然性を問いかけるのです。**この発問で子どもたちは不安になり，もっと他の式で試してみたくなる**のです。**このような体験が蓄積されていくと，そのうち子どもたち自身から「それってたまたまじゃないの？」といった声が上がるようになっていきます。**

	21			12
×	24		×	42
	84			24
	420			480
	504			504

2つとも答えが同じだね。

一の位と十の位を縦に計算すると，どっちも4になっています！

縦に計算して答えが同じになるのは，たまたまだよね？

偶然性を問いかける

↓

えっ，たまたまなの？
他の式でも試してみないと…

体験が蓄積されていくと，そのうち子どもたち自身から
「それってたまたまじゃないの？」という声が上がるようになる。

23
“次の問題”は子どもが創るように展開する

1 教師が問題を出し続けると…

算数では最初の問題は教師から提示されることがほとんどです。多くの場合は，この問題を学級全体で話し合うことで解決方法を探ったり，きまりを見つけたりしていきます。では，２問目以降の問題提示はどのようにされているでしょうか。こちらも，多くの場合は教師から提示されることが多いのではないでしょうか。

このように，**「問題提示はいつも教師から」という授業展開が続くと，子どもの学習態度は問題を待つだけの受け身の姿になっていきます。**

2 ２問目以降は子どもが創る

主体的な学習態度をはぐくむためにも，学びを子ども自身が深めていくためにも，２問目以降の問題を子どもが創り出す授業展開が理想です。もちろん，発達段階の違いがあるので，低学年は３～４問目以降で問題を創るなど柔軟に考えることが大切です。

前項で紹介した３年「２けたのかけ算の筆算」を例にします。子どもたちは，答えが同じになる筆算にきまりを見つけました。しかし，それが一般性のあるきまりか否かははっきりとしていません。そこで，教師から２問目の式を提示し，子どもたちが見つけたきまりが正しいことを確かめました。しかし，この時点ではきまりをまだ信じ切っていない子どももいました。

そこで，次のように投げかけました。

今度は自分で式をつくって，きまりが正しいかどうか確かめよう。

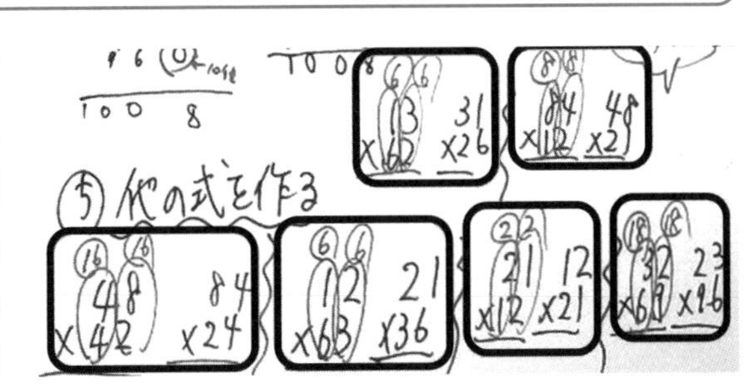

３問目以降の問題場面を子どもたちに考えさせることにしたのです。**問題作成を任せることで，子どもたちはより主体的になりました**。右のように答えが同じになる式をたくさん見つけていくことができました。

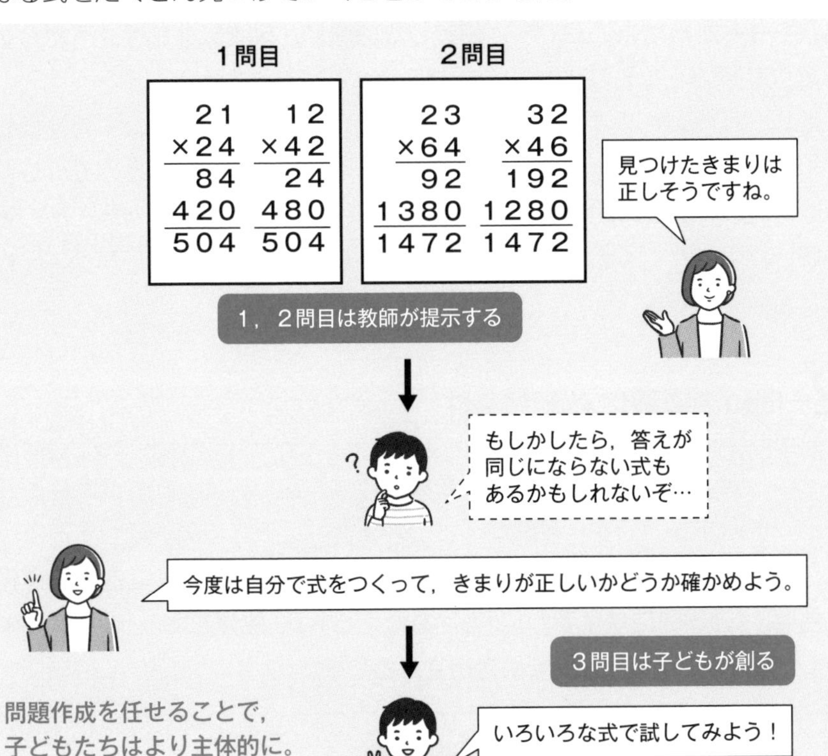

24
子どもの問いを連続させていく

1 深い学びのゴールは，「問い」の連続

前項で，問題を子どもが創り出す大切さを述べました。では，問題を子どもが創り出す際に必要となる条件は何でしょうか。それは，**「問い」を子どもたちがもち続けること**です。**追究したい問いが明確になれば，子どもたちは放っておいてもその問いの解決に向かって動き出すから**です。

理想的な授業展開は，子どもたちが追究したい問いが授業の中で連続していくことです。1つ目の問いが解決してもそこで追究が終わるのではなく，「もっと別の形だったらどうなるのかなぁ？」などのように，そこから新たな問いが生まれてくる展開です。このような授業こそが，学びが深まった授業と言えるのです。

2 問いの連続に必要な条件

では，問いが連続する授業に必要な条件は，何でしょうか。問いは子どもから引き出すものです。教師が「○○の場合はどうなるのか調べてみよう」と，問題を投げかけるのではありません。**「問い」が連続する授業に必要な条件は，「帰納的に考える」「類推性を考える」「一般性を問う」「反例を考える」「演繹的に考える」姿を引き出すこと**です。

- **帰納的に考える→共通点を見いだす**
- **類推性を考える→他の場合に当てはめて考える**

●一般性を問う　→いつでも当てはまるのか考える
●反例を考える　→当てはまらない事例を考える
●演繹的に考える→理由を考える

前項で述べた３年「２けたのかけ算の筆算」でいうと，例えば「同じ答えになる秘密（理由）がわかった！」という声が上がったら，それは「演繹的に考える」姿そのものです。また，同じ答えになる式を各個人が自由に探す活動で，「15×20と51×02は同じ答えにならない」と「反例を考える」姿が生まれてくることもあります。**このような姿が一連の活動の中で連続的に生まれてくることで，問いが連続する授業を具現化していく**のです。

1問目

```
  21     12
 ×24    ×42
  84     24
 420    480
 504    504
```

2問目

```
   23     32
  ×64    ×46
   92    192
 1380   1280
 1472   1472
```

今度は自分で式をつくって，きまりが正しいかどうか確かめよう。

同じ答えになる秘密がわかった！
演繹的に考える姿

15×20と51×02は同じ答えにならない。
反例を考える姿

48×42と84×24も同じ答えだ！
類推性を考える姿

これって，たまたまじゃないのかなぁ…
一般性を考える姿

このような姿が一連の活動の中で生まれることで，問いが連続する授業が具現化する。

25
あえて「?」で授業を終える

1 時には「?」で授業を終える

算数の授業に「問い」の連続が必要であることを前項で述べました。このように考えると，**毎時間の授業の最後にすべての問いが解決してしまわなければいけないと考えることに無理がある**ことに気がつかれるのではないでしょうか。

その通りで，問いの連続は複数時間に渡っても構わないのです。45分という１単位時間の区切りは，あくまで形式的なものに過ぎないからです。

2 「?」で終わり「?」で始まる

６年「円の面積」の学習場面です。

まわりの辺の長さが同じ正三角形と正方形，面積が大きいのはどちらでしょうか。

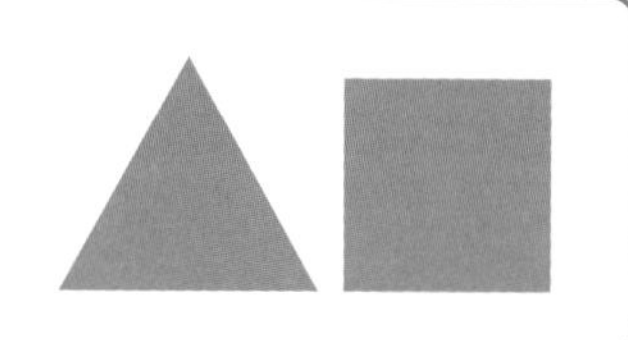

子どもの考えにはズレが生まれます。その後，辺の長さの情報を与え，計算をしていくと，正方形の面積が大きいことが見えてきます。

次に，正方形と正五角形で同じことを尋ねます。この問題でも予想にはズレが生まれてきました。そこで計算をしていきます。結果は，正五角形の面積の方が大きいことが見えてきました。

こうして「だったら，辺の数が増えると面積も増えるのではないか」という問いが生まれてきました。しかし，この問いに否定的な見方の子どももいます。そこで，辺の数を増やして実験を進めていきます。結果は，「辺の数が増えると面積も増える」ことの妥当性が見えてきました。

すると今度は，「だったら，円の面積が一番大きくなるんじゃないかな」「でも，円には角もまっすぐな辺もないから違うんじゃないかな」と新たな問いが生まれてきました。さらにこの問いから，「でも，円の面積はどうやって求めるの？　底辺がないよ」という問いも生まれてきました。

授業はここで時間切れになりました。このように子どもの頭の中が「？」で終わる授業もあってよいのです。**この「？」が次時の問いになるから**です。

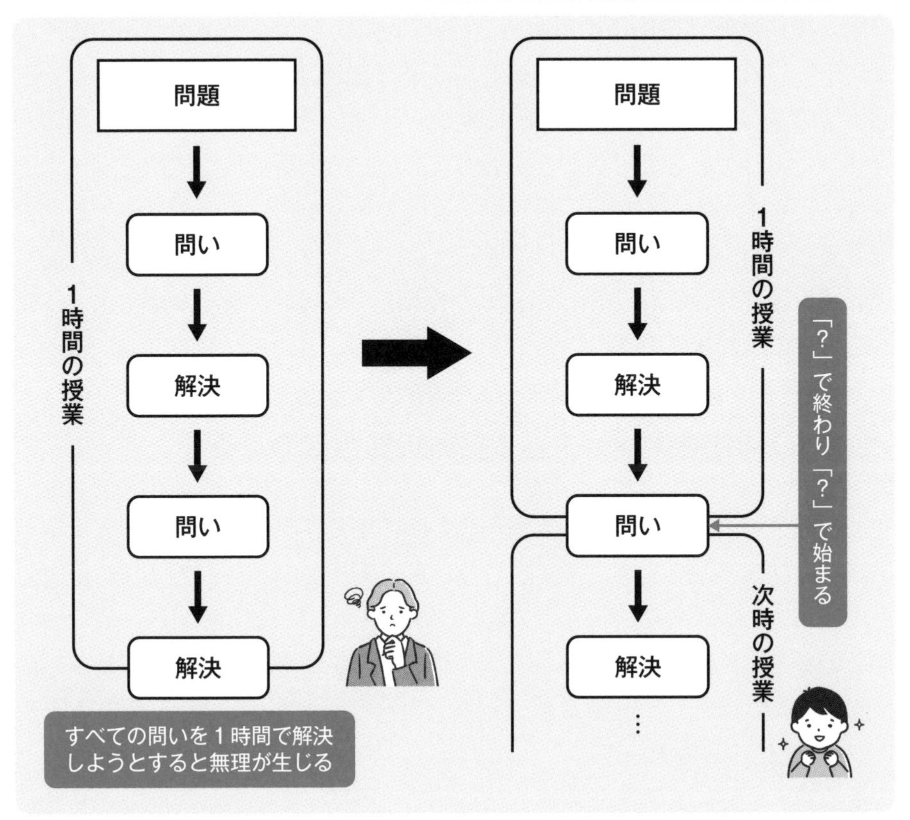

26
小さな「でも」をキャッチし，授業の舞台にのせる

1 小さな動きに「問い」が潜む

教師からの問題提示や指示に対して，子どもたちは様々な反応を返してきます。目立つ声に着目すると，それなりに授業は展開していきます。しかし，**教室の中には目立たないけれども，「問い」につながる小さなつぶやきやジェスチャーで自分の思いを表現してくる子どもがいます**。自信がないからこそ，そのような表現方法になるのです。

しかし，この自信のなさからくる子どもたちの表現こそ，問いそのものではないでしょうか。これらの表現は，教師が子どもの反応に対するアンテナを高く張っていないとキャッチすることはできません。子どもの発表を聞く場面・板書を行う場面でも，アンテナを360°フル回転させて反応をキャッチしていくことが大切です。

2 つぶやきをキャッチし，授業の舞台にのせる

前述の6年「円の面積」の学習場面のその後です。円の面積が最大になるのかどうかを子どもたちは考えました。多くの子どもが「円の面積が最大」と思い始めていました。

そのとき，K男が「でもさぁ…」と小さくつぶやく声が聞こえてきました。「円の面積が最大」とは異なることをイメージしているからこそ生まれた「でも」だと判断しました。

そこで，K男に「でも」の続きを説明させることにしました。つぶやきを

授業の舞台にのせたのです。

「例えば，正五角形と円を重ねたとすると，お互いに飛び出すところと，引っ込むところができて，差し引きしたら同じになるんじゃないかなぁ…」

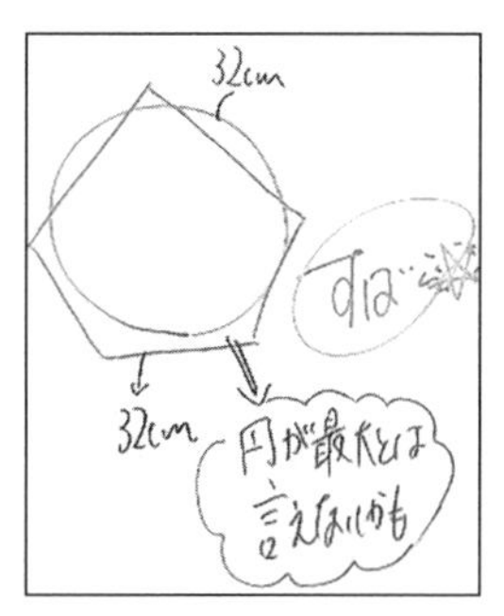

このＫ男の説明で，円の面積が最大だと安定していた子どもたちの思いが揺さぶられていきました。新たな問いの発生です。

このように，**「でもさぁ…」といった小さなつぶやきを見逃さず，授業の舞台へとのせていくことが大切**です。

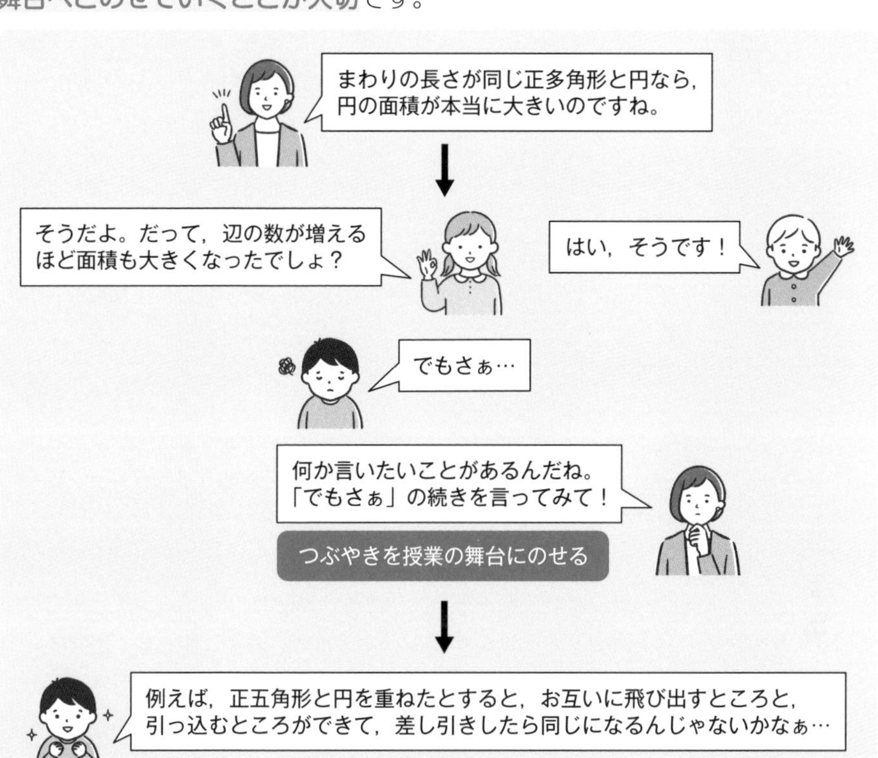

「でもさぁ…」といった小さなつぶやきやジェスチャーを見逃さず，授業の舞台へとのせていくことが大切。

第6章　板書のしかけ

27
1時間の流れを 1枚で見せる

1 板書はノートのお手本

多くの子どもたちは，教師の板書内容をそのままノートに視写します。その意味で，板書はノートのお手本となります。

このように考えると，**板書を見るだけで，問題場面や問い，子どものつぶやきや思いなどの情報を基に1時間の流れが見えるようにレイアウトすることが大切**です。

1時間の流れが見えるようにするためには，次ページのように，❶～❽の情報が黒板に明示されていることが必要です。この8つの項目があることで，1時間の流れをつかむことができます。

2 板書内容は臨機応変に

ただし，この8つは予定通りに授業が展開した場合の理想的な板書項目です。**実際の授業では，子どもの思いに寄り添って展開すると，予定とは異なる展開になることもしばしばあります**。その際は，板書内容は臨機応変に変更していけばよいのです。

また，**❽のまとめは必ず板書するものではありません**。まとめにふさわしい授業展開が行われなければ，予定していたまとめを無理に書く必要はないのです。その場合は，次の時間につながる言葉，例えば「はっきりしなかった体積を求める方法を次の時間に明確にしよう」などを記述すればよいでしょう。

ところで，多くの先生は板書を左上から書き始めているのではないでしょうか。その後，黒板を縦に２分割や３分割して書き進めていきます。そして最後は，右下部分で終わることが多いと思います。このスタイルであれば，左上から右下へ向けて板書を追えば，授業の流れが見えてきます。

ですから，この授業の流れと板書の流れの関係を子どもたちにも理解させておくことが大切です。この理解があれば，板書内容をノートに視写する際にも役立ちます。

また，教科によって板書のスタート位置が異なると，子どもが混乱する可能性があります。ある教科は左上から始まり，ある教科は中央上部から始まるなどの違いがあると，ノートをうまく書けなくなる可能性もあります。**ノート指導のことを考えると，教科を超えて統一性がある方がよい**でしょう。

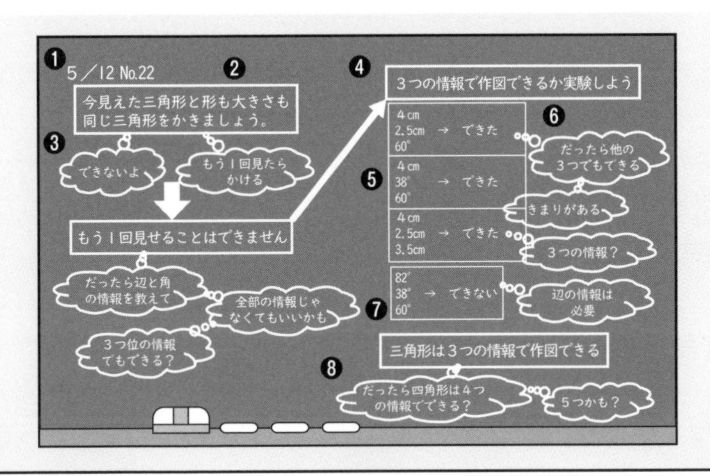

❶日付・連続番号	❷問題
❸問題に対する子どものつぶやき	❹めあて（問い）
❺問いの解決策	❻解決過程や解決後に生まれるつぶやき
❼まとめ	❽まとめに対するつぶやき

上の８つは予定通りに授業が展開した場合の理想的な板書項目で，実際の授業が予定とは異なれば，板書内容も臨機応変に変更する。

28
“3色の原則” を意識して チョークを使い分ける

1　板書にも必要な，色のメリハリ

黒い文字だけの教科書を目にしたとしたら，子どもたちはどんなことを感じるでしょうか。おそらく「わかりにくいなぁ」「読みたくないなぁ」と感じるのではないでしょうか。実際の教科書はカラーで，大切な文章は赤色で表記されています。見ただけで，どの部分が大切なのかがわかります。時間がないときには，色のついた部分だけを目で追っていけば，必要最低限の情報を得ることができます。

これは授業での板書も同様です。もし，白チョークのみの板書だったら，どこがポイントなのかパッと見るだけでは判断することが難しくなります。特に算数が苦手な子どもにとっては大変なことでしょう。

2　3色を意識して使い分ける

明治大学の齋藤孝氏は，本を読むときには3色ボールペンを使って線を引きながら読むことを提唱されています。授業の板書にも，この **“3色の原則”** は当てはまります。

白色は，問題文や式・答えなどを書く際に使用します。板書の中で，最も多くの割合を占めるのが白です。多くの先生方も，白を基本として使われているのではないでしょうか。

黄色は，「なんで？」「できないよ」「たまたまじゃないかな」などの子どものつぶやきや疑問などを書く際に使用します。私の場合は，「なんで」と書いた文字のまわりを黄色のふきだしで囲みます。黄色とふきだしという形で，子どもたちのつぶやきや疑問が板書されているということが一目瞭然で判断できるからです。

赤色は，大切なポイントを板書する際に使用します。「○○なきまりを発見」「○○な形に変身したら面積がわかった」など，問いを乗り越えるアイデアなどを赤で板書します。また，子どもから生まれた素晴らしい考え方に対して，私は「すばらC」マークを板書します。このマークも赤で目立つように板書します。

どの色をどの目的で使うのかはそれぞれの先生が決めればよいと思います。**大切なのは，３色それぞれに意味をもたせ，その意味を子どもと共有することです。**

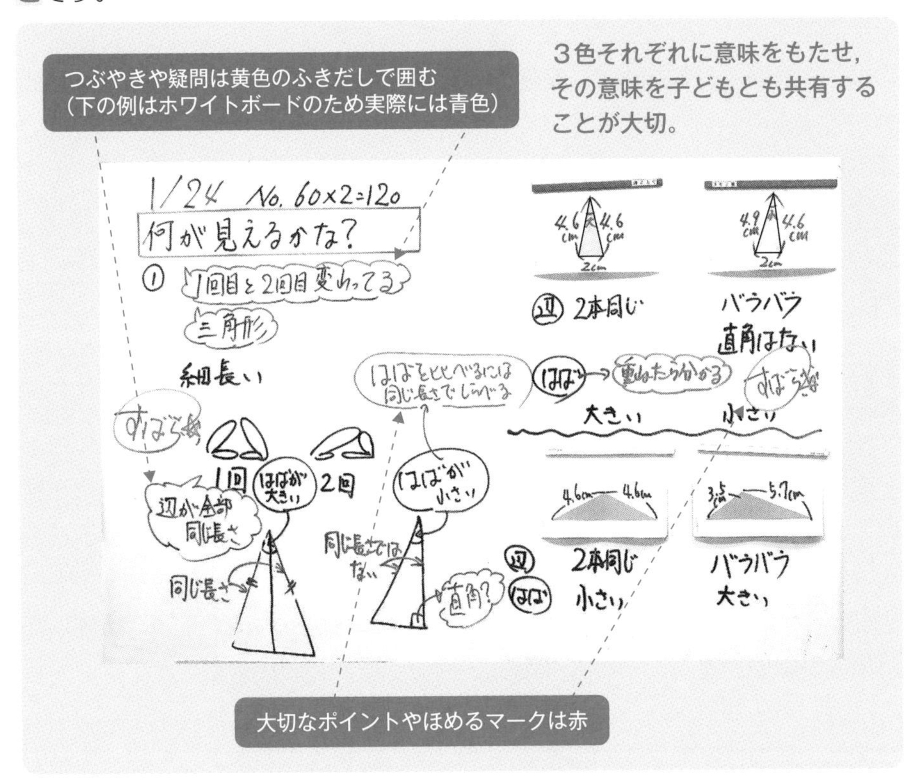

29
思考の流れを番号と矢印で見える化する

1　思考の流れが見える板書

板書をスタートする位置を，多くの先生方は決めているのではないでしょうか。おそらく，黒板の左端上部から日付や問題文を書き始めると思いますが，黒板中央からスタートする先生も見かけます。板書のスタート位置にきまりはありませんので，どこから書き始めても構いません。ただし，大切なのは，**1時間の授業の中で，思考がどのような流れで展開していったのかがわかるように板書する**ことです。

黒板の左端上部からスタートしたのに，次は右端，その次は真ん中，その次は左…と，板書内容の位置関係がぐちゃぐちゃになっているものを見かけることが実はよくあります。これでは，授業後に板書を見直しても，何をどのように考えていったのかを判断することはなかなかできません。

2　思考の流れで板書をつくる

思考の流れが見える板書を行うためには，スタート位置から一方通行で板書を進めることです。一般的には，左端からスタートして，順次右へと進めていきます。

さらに私は，**1つ目の問題解決で見えてきた解決策と，そこから派生した新たな問いの声を矢印でつなぐ板書**を行います。矢印があることで，どの考えとどの考えがつながっているのかが，一目瞭然になります。

また，算数授業では問いの連続が大切なことを述べてきましたが，1時間の授業の中では，複数の問いが連続して生まれてきます。そこで私は，**問いの派生順に①②…と番号をつけます。**

このように，**授業が終わった後で番号と矢印を目で追えば，どのような思考の流れで授業が展開していったのかがわかるような板書を意識することが大切**です。

また，子どもに式や図などを板書させることもありますが，何も指示しないと子どもたちは好きな場所に書いてしまいます。これでは，授業の展開が見えなくなってしまいます。そこで，**子どもに板書をさせる際には，「この場所に書いてね」と位置を指定することが大切**です。

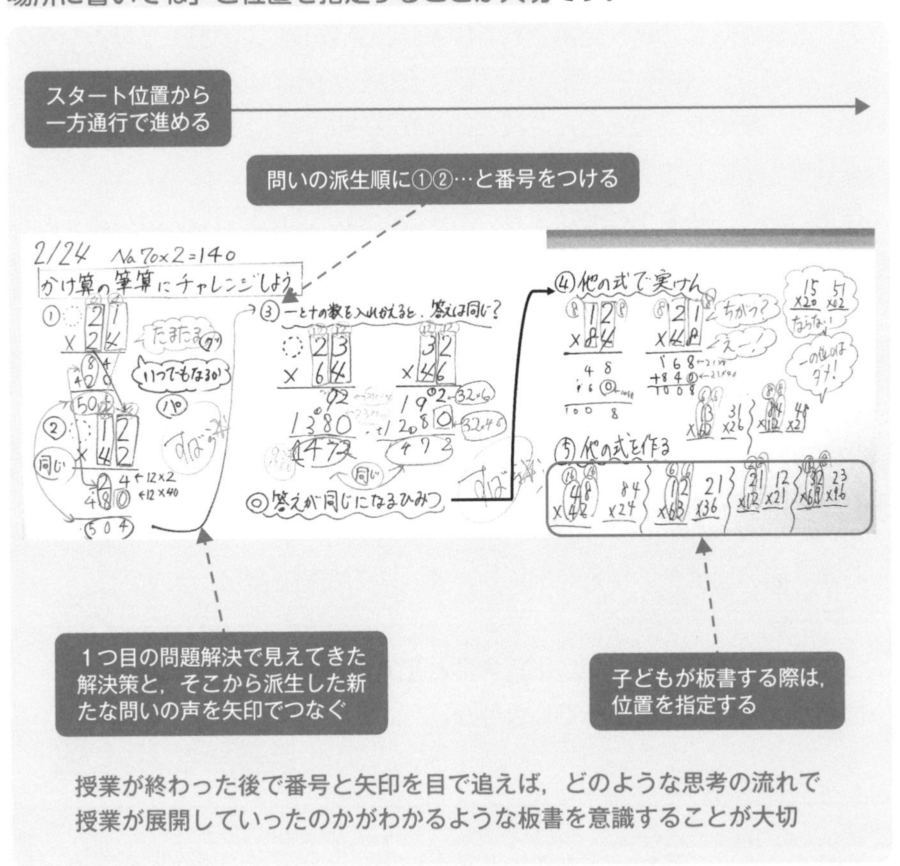

授業が終わった後で番号と矢印を目で追えば，どのような思考の流れで授業が展開していったのかがわかるような板書を意識することが大切

30
見方・考え方を見える化する

1　聞くだけでは「見方・考え方」は理解できない

現行の学習指導要領では，授業（数学的活動）の中で「数学的な見方・考え方」を働かせることが強調されています。算数の学習における見方・考え方については，「事象を数量や図形及びそれらの関係などに着目して捉え，根拠を基に筋道を立てて考え，統合的・発展的に考えること」であると学習指導要領の解説で説明されています。

授業の中で，ある子どもが見方・考え方を働かせて説明したとします。しかし，言葉で説明されて，聞いている子どもたちがその見方・考え方をパッと理解することができるでしょうか。**言葉で説明されるだけで見方・考え方を頭の中で具体的にイメージするのは簡単なことではありません**。算数が苦手な子どもにとってはなおさらのことでしょう。

2　「見方・考え方」を板書で可視化し，理解を図る

6年「円の面積」の学習を例にします。次の問題を提示します。

まわりの辺の長さが同じ正三角形と正方形，面積が大きいのはどちらでしょうか。

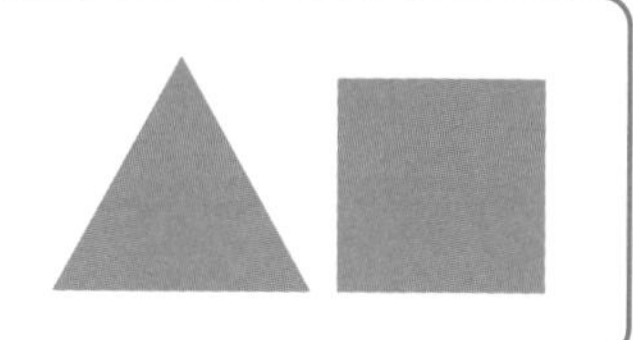

面積が大きいのは正方形です。その後，正方形と正五角形の面積を比べて

いきます。この場合は正五角形の方が面積が大きいことがわかります。これらの結果から，「正○角形の○の数が増えたら，面積も増えるのではないだろうか」という図形の構成要素と面積に関する見方・考え方が子どもの中から生まれてきました。その際大切なのは，**見方・考え方が表出された言葉を黒板に明記すること**です。私は，他の文字と区別するために赤で板書します。こうして黒板に見方・考え方を明記することで，友だちの説明を聞くだけでは理解が難しい子どもも，その意味をゆっくり咀嚼することができます。

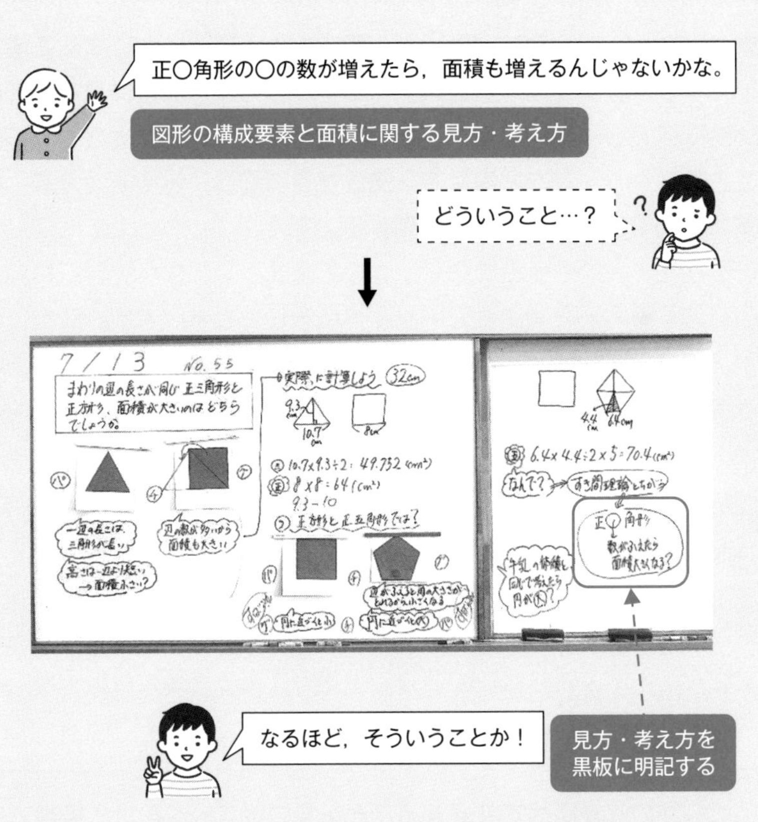

黒板に見方・考え方を明記することで，友だちの説明を聞くだけでは理解が難しい子どもも，その意味をゆっくり咀嚼することができる。

31
価値ある見方・考え方を称賛し，より鮮明に記憶に残す

1　繰り返し働かせる「見方・考え方」

「数学的な見方・考え方」は，６年間の算数授業の様々な場面で働かせることになります。例えば，複数の情報の中から共通点やきまりを見つけていく帰納的な考え方は，１年生の授業でも６年生の授業でも働かせる場面があります。すなわち，**見方・考え方を働かせる場面は，学年を超えて，さらには領域を超えて，スパイラルに登場する**のです。

このことを，教師も子どももしっかりと意識しておかないと，毎回はじめてその見方・考え方を働かせているように感じてしまいます。これでは，同じ見方・考え方を働かせる場面が繰り返し登場する意味が薄れてしまいます。**見方・考え方は繰り返し働かせることで鍛えられ，豊かになっていく**からです。

2　価値を説明し，称賛する

授業の中で生まれてきた見方・考え方は，その都度その価値を説明することが大切です。例えば，複数の情報の中からきまりを発見した子どもがいたら，次のように説明します。

> いくつかの式を比べて共通することを見つけていくのは，算数ではとても大切な考え方です。これからも何回も出てきますよ。

どのように対象場面に向き合うとよいのか，そこからどのように考えるとよいのかを具体的に説明します。

さらに大切なことがあります。それは，**価値ある見方・考え方を称賛する**ことです。前述のように見方・考え方の価値を説明した後で，「これは算数ではとてもすばらしい考え方です。みんなで拍手をしましょう」と学級全員で称賛します。さらに，黒板にも称賛を見える化するマークを板書します。私は「すばらC」マークを板書します。時には，「すばらC」の最上級である「超すばらC」マークを板書し，激賞することもあります。**見方・考え方を称賛することで，子どもたちの記憶により鮮明に残り，似たような問題場面で彼らがその考え方を想起することにつながっていきます。**

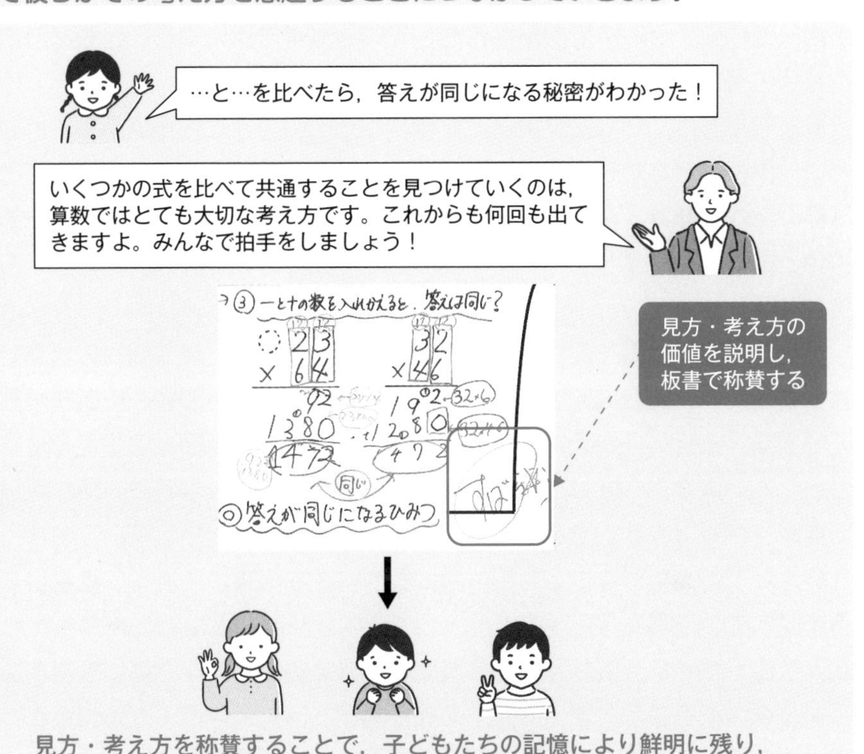

見方・考え方を称賛することで，子どもたちの記憶により鮮明に残り，似たような問題場面でその考え方を想起することにつながる。

32
黒板を子どもに開放し，マイチョークを持たせる

1　子どもは板書したがっている

休み時間，何も書かれていな黒板に，子どもたちがチョークを使ってお絵かきをしている場面を目にしたことがある先生は多いのではないでしょうか。また，道路にチョークでお絵かきをしている光景を目にすることもあります。これらの光景は，何を意味するのでしょうか。

子どもたちは，チョークを持って板書したいのです。授業場面で子どもたちに「黒板にあなたの考えを書いてください」と指示すると，多くの子どもは喜びます。私は，**必要な場面では積極的に子どもたちに板書を任せた方がよい**と考えています（もちろん，なんでもかんでも任せればよいのではありませんが）。

子どもたちに板書を任せるうえで最も効果的なのは，練習問題の場面です。教科書をベースに授業を展開する場合は，後半には練習問題が位置づけられています。また，各単元末には練習問題のページが１時間分の設定で位置づけられています。例えば，「1 (1)32÷４　(2)64÷８」などの問題が教科書に掲載されています。子どもたちはノートにこれらの問題を解いていき，解き終えた子どもたちを指名して，順に式や答えを板書させます。板書している友だちの姿を見た子どもからは，「いいなぁ」という憧れの声が上がります。ここでポイントになるのが，**板書ができるのは原則１時間に１回というルールをつくること**です。単元末の練習問題にはたくさんの問題が掲載されているので，多くの子どもたちが板書することが可能です。

2 板書したくなる，マイチョーク作戦

板書する機会を積極的に与えると，「黒板に書きたい」という思いから，練習問題にも前向きに取り組む子どもが増えます。

子どもたちが板書したくなる意欲をさらに高めるために，私はさらなる策を実行しています。それが，マイチョーク作戦です。**1人に1本の白チョークを配り，「板書するときに使うためだよ」と説明します。**チョークが配付されるという想定外の出来事に，子どもたちの板書に対する意欲はより一層高まります。子どもたちはチョークを紙で包み，大切に扱うようにもなっていきます。

第７章　ノート指導のしかけ

33 適切なノート選びでミスを未然に防ぐ

1 ノートは何でもいいのか

算数でどのようなノートを子どもたちに使わせていますか。

１年生は入学時に横長判の算数ノートを配付することが多いのではないでしょうか。２年生以降は，４年生まではマス目のノートを使わせている先生が多いようです。しかし，高学年になると，マス目ノートではなく，罫線だけのノートを使用しているのを目にすることがあります。

さて，学びを確実に定着させるためには，どんなノートを使うことが適切なのでしょうか。結論からいうと，**小学生にはマス目ノートを使うことが学びを定着させるには最も効果的**です。

例えば，筆算における計算ミスの大きな要因の１つは，縦の位置関係がずれて，位を間違えて計算してしまうことです。学年が上がるほど大きな数の筆算や複雑な筆算が出てくるので，高学年になってもマス目ノートを使う必要性がおわかりいただけると思います。

2 学年別ノートのマス目の大きさ

算数ノートには，マス目が必要なことがわかりました。

では，マス目の大きさはどのように決めたらよいのでしょうか。多くの先生方は，前年度にその学年で使用していたノートは何かを聞いて，それを使われているのではないでしょうか。しかし，果たしてそれは正しいのでしょうか。もしも前年度以前のノート選択が適切でなかったとしたら，それがその後も検証されることもなく伝承されていることになります。したがって，**子どもの発達段階に合った，適切なマス目のノートを選択することが必要**です。
以下に，学年別に適切なノートのマス目の基準を提示します。

■１年生………18㎜→後半は12㎜
■２年生………12㎜
■３・４年生…10㎜
■５・６年生…８㎜

教師がどんなノートを選択するのかで，計算技能の定着度にも差が生まれてしまいます。それだけノート選択は大切な教師の仕事なのです。

✕ 罫線だけのノートを使うと…

```
  2.0 4
 × 4 6
  1 2 2 4
8 1 6
 8 2 8.2 4
```

罫線しかないと，縦の位置関係がずれて，位を間違えて計算しがち

〇 マス目のノートを使うと…

		2.	0	4	
	×		4	6	
	1	2	2	4	
	8	1	6		
	9	3.	8	4	

マス目に沿って数字がそろうから正しく計算できる

学年が上がるほど大きな数の筆算や複雑な筆算が出てくるので，高学年になってもマス目ノートを使う必要がある。

34

４月に１年分の算数ノートを配付する

1　２冊目以降のノートをどうするか

算数の授業ではノートを使いますが，年間何冊のノートを子どもたちは使っていますか。個人差はありますが，たった１冊のノートだけで終わることはないでしょう。私の学級の子どもたちは，学年が異なっても，概ね５冊前後のノートを使います。

４月の始業式の日，教科書と一緒に算数ノートも子どもたちに配付する学級は多いと思います。そして，授業が始まって何か月か経過すると，この１冊目のノートが終わる子どもが出てきます。「先生，算数のノートが終わりました」と子どもたちが訴えてきます。そのとき，先生方はどのように対応されていますか。かつての私は，「文房具屋さんや本屋さんで，同じようなノートを買いましょう」と指示していました。

ところが２冊目以降のノート購入を子どもに任せると，ノートがバラバラになってしまいます。「マス目のノート」といっても，８㎜マスのノートを使っていたのに，10㎜マスのノートを買ってくる子どもがいます。時には，「これしかありませんでした」と罫線（大学）ノートを持って来る子どももいます。自分で買うように言った手前，罫線ノートも使用禁止にするわけにはいきません。最近では，100円ショップで販売されているノートを持参する子どももいますが，紙質が悪く簡単に破れることがあります。

こうして，**子どもたちが使うノートがバラバラになっていくと，ノート指導そのものが困難になってしまいます。**

2　5冊のノートを4月に配付する

2冊目以降のノートがバラバラにならないためには，どうすればよいのでしょうか。簡単なことで，**4月に1年分の算数ノートを配付すればよい**のです。これなら，2冊目以降子どもが使うノートがバラバラになって困るということはありません。私の学級は年間5冊のノートを平均して使用しますが，先生方の学級の子どものノート使用実態に応じて，配付するノートの冊数は調整していただくとよいでしょう。

2冊目以降のノートは，学校に置いておかせます。これなら授業時間の途中でノートが終わっても困ることはありません。また，もし年度末にノートが余った場合は「自主学習ノートに使いましょう」と指示します。

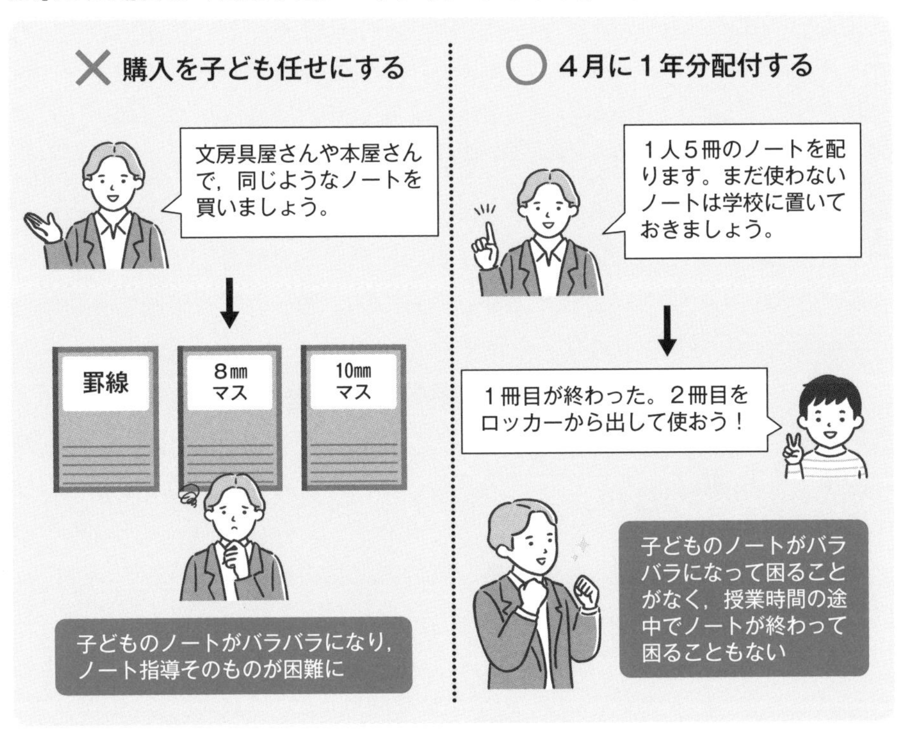

35
ひと回り小さいノート用紙を大量にストックする

1　ノートを忘れた子どもはどうしているか

現在使用している算数ノートを，家での復習のために持ち帰る子どももいます。そのような場合，「先生，ノートを持って来るのを忘れました！」という子どもが出てきます。このようなとき，先生方はどのように対応されているでしょうか。

よく目にするのは，他の子どもの算数ノートの１ページ分を切ってもらって，それを使用する光景です。これなら，マス目の大きさはそろいます。しかし，ノートを分けてあげた子どものノート背表紙の縫合部分が緩くなり，ノートのページが脱落する可能性があります。また，ノートをもらった子どもは，そのノートをその後どうするのでしょうか。その時間は，もらったノートに板書などを写していきますが，翌日にはその紙はどこかに行ってしまうことが多いのではないでしょうか。これでは，過去の学びを振り返る場面でその時間の記録だけが不明になってしまいます。

また，自分が持っているマス目や罫線のない自由帳（白紙）を使う子どももいます。しかし，別のノートに書いてしまったのでは，それをその後の算数授業で既習の振り返りなどに使用することは，皆無に近いのではないでしょうか。

さらには，単なるコピー用紙や折り紙などに書く子どももいます。これでは，ノートへの記録そのものがいい加減になります。また，友だちから１ページもらう場合と同様，翌日には行方不明になってしまうというのが実態ではないでしょうか。

2 ノートのコピーをストックする

私は，**ノートを忘れた子ども用に，現在使用している算数ノートのコピーを大量に印刷しておきます**。ただし，片面印刷にしておきます。それは，**ノートのコピーを使った子どもには，そのコピーを家庭で算数ノートに貼るように指示をするため**です。このようにすれば，学習履歴の中にその時間の記録も残ることになります。

さらに，そのコピーにはひと工夫があります。B５サイズのノートを使用する場合は，B５のコピー用紙に印刷します。その後，私は印刷された紙の周囲をカットします。すると，実際のノートよりひと回り小さいサイズのノート用紙が完成します。これは，**ノートと同じサイズの用紙では，ノートに貼る際に端の位置調整が難しくなるから**です。実際のノートよりもひと回り小さければ，ノートに貼るのも容易になります。

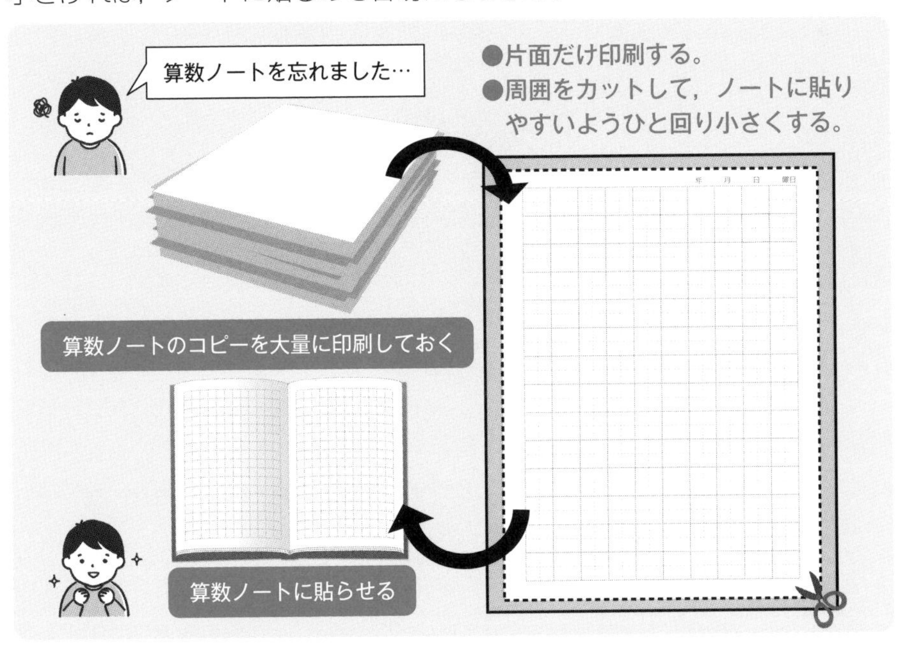

36
きれいに書く部分と自由に書く部分を分ける

1 きれいなノートにこだわり過ぎると…

汚くてぐちゃぐちゃのノートよりも，きれいに書かれたノートの方が，後で見返したときにわかりやすいのは言うまでもありません。ところが，**きれいなノートを書こうとするあまり，そのこと自体が目的化してしまう子どもがいます**。ノートをきれいに書くことに集中してしまい，話し合い活動などに参加しなくなるのです。これでは本末転倒です。高学年，特に女子児童にそのような傾向が見られ，**高学年で授業に積極的に関わらない子どもの中には，きれいなノートを書くことに集中し過ぎているケースが少なくありません**。

私は，算数ノートは，きれいに書く部分とある程度自由に書く部分（きれいさには目をつぶる）があってもよいと考えています。１時間の授業のすべてをきれいにノートに書こうとすると，莫大な時間を費やす可能性があるからです。

2 使い分けを意識したノート指導

私は授業の途中で，ノートをまとめる時間を確保します。

> ここまでのところをノートにまとめましょう。

このように指示したときは，きれいにノートをまとめることを求めます。

問題文や子どもたちが見つけたきまりや発見などは，時間を確保してきれいにノートにまとめさせます。

一方，子どもたちが疑問に感じたことやきまりの一般性などを自由に実験させたい場面があります。すなわち，彼らが主体的に問いを追究し始めた場面です。その場面では，ある程度ノートが汚くなっても認めることにしています。その場面にもていねいさを求めると，せっかく生まれた子どもたちの追究意欲がダウンしてしまう可能性があるからです。

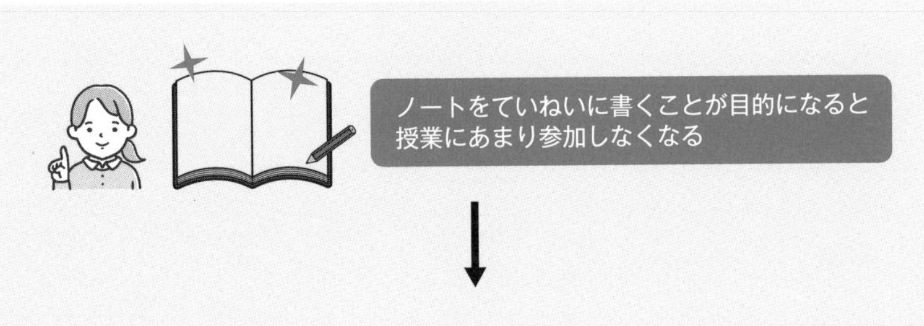

きれいに書く部分（問題文や子どもが見つけたきまりや発見）
自由に書く部分（各々に思考実験させたい場面）

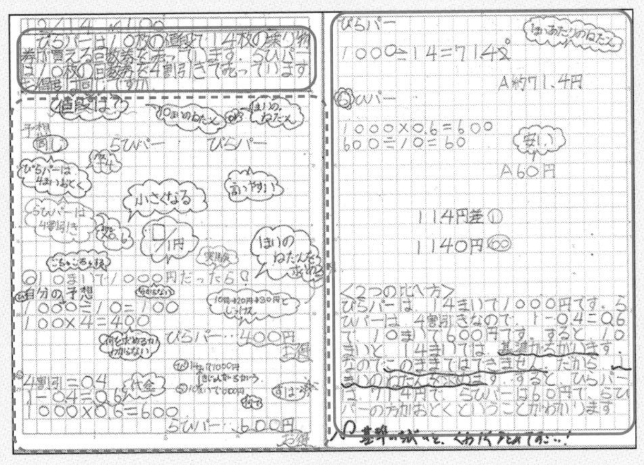

ノートはていねいさと自由さをバランスよく。

37

鉛筆を持って動き出した姿をキャッチし，称賛する

1　子どもが鉛筆を持ちたくなるとき

授業で子どもたちがノートを書くのはどんな場面でしょうか。多くの場合，「問題を解いてみましょう」「考え方をまとめましょう」などと教師に指示された後でノートに向かうのではないでしょうか。しかし，そうでない場面でも子どもが鉛筆を持ってノートに向かう姿を目撃することがあります。

６年「文字と式」の授業を例にします。

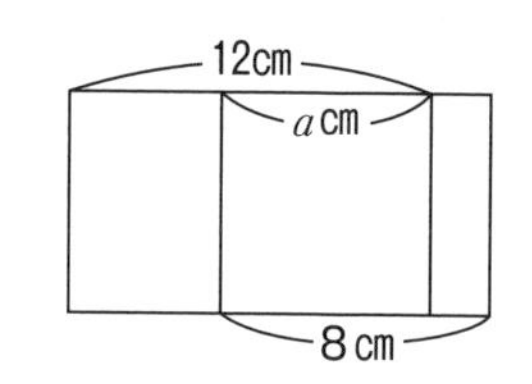

右のような長方形（内部は正方形）を提示し，まわりの辺の長さを求める問題に取り組みました。aが５㎝の場合，まわりの長さは40㎝になります。次に，aが７㎝になった場合を実験しました。結果は，今回も40㎝となります。まわりの辺の長さは変わるだろうと予想していた子どもが多かったのですが，それとは異なる結果に出合ったのです。すると，鉛筆を持ってノートに何かを書いている子どもの姿が見えました。aの長さを自分で設定し，いつでも40㎝になるのかを実験していたのです。

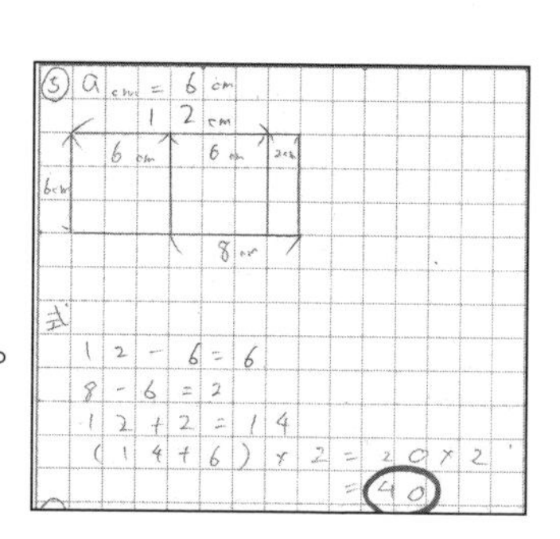

2　鉛筆を持って動き出した姿を見逃さない

前述の子どもは，まわりの辺の長さが40㎝になる一般性を確かめようと動

き出したのです。教師の指示がなくても，主体的に学びに向かって動き出したお手本のような姿です。

このように，**何か確かめたいことがあると，子どもたちは鉛筆を持ちノートに実験を始める**のです。**教師にとって大切なのは，その姿を見逃さないことと，その姿を称賛すること**です。

これらの姿は，子どもたちが話し合いに夢中になっている最中に生まれてくることもあります。したがって，教師は常に子どもたちがどんな動きをしているのかにアンテナを張っておくことが大切です。子どもたちの小さな動き，この場合であれば，鉛筆を持って動き出した姿を見逃さないことが重要なのです。

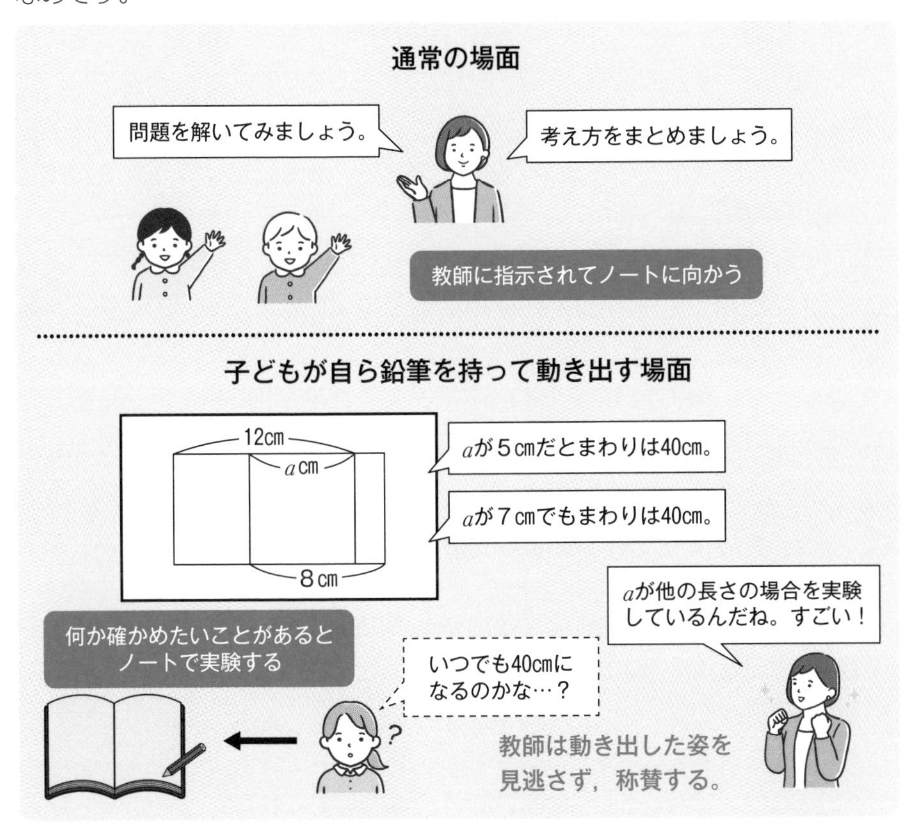

38

ひと言コメント＆即日返却で，フィードバックする

1　ノートをいつ返すか

算数に限らず，子どものノートを集める場面はよくあります。ところで，その集めたノートをいつ子どもたちに返していますか。よく見られる光景の１つが，集めたノートがいつまでも教室の片隅にうず高く積まれたままになっている様子です。おそらく一人ひとりのノートにていねいに目を通し，ていねいにコメントを書いてから返却しようと考えているのです。

しかし，これを子どもの立場になって考えてみましょう。ノートを提出してから１週間後に返されたとします。そのころには，子どもたちの多くは１週間前にどんな授業を受けたのか，あまり覚えていないのではないでしょうか。大人だって，１週間前の夕食のメニューを質問されたら，おそらく答えられないでしょう。

したがって，教師からのていねいなコメントが書かれていたとしても，それが子どもに与える効果はそれほど期待できないのではないでしょうか。

2　ノートはその日に返却が原則

教師のコメントで子どもたちに何かを伝えたいのなら，ノートを集めたその日のうちに返却するのが最も効果的です。それが無理でも，せめて翌日には返却することです。

かつて私は，学級のＳ子から次のように言われたことがあります。

「先生，なんで算数ノートを昨日のうちに返してくれなかったんですか？

私は家に帰って自主学習で算数ノートを見て復習しようとしたのに，ノートがないからできなかったんです」

集めた算数ノートを翌日に返却したのですが，このように言われたのです。子どもの中には，ノートを使ってその日のうちに復習をしたい子もいるのです。だからこそ，集めたノートはその日のうちに返さなければいけません。そう考えると，**教師からのコメントも，「これだけは」という必要最低限の分量（ひと言）でよい**のではないでしょうか。

第8章 振り返り・まとめのしかけ

39
形式的な振り返り，まとめは行わない

1 「振り返り」と「まとめ」の違い

ここ数年，講師を担当する講座で必ずと言っていいほど質問されることがあります。
「『振り返り』と『まとめ』の違いがわからないのですが，教えてもらえませんか？」
この質問について，読者の先生方はどう感じられるでしょうか。私は，「教える教師が振り返りとまとめの違いがわからないなら，そもそもどちらも子どもに求めなければいいのに…」と感じてしまいます。教師がわからないのですから，子どもはもっとわからないのではないでしょうか。

2 「振り返り」と「まとめ」は必要なのか

近年，「算数授業の終末では，必ず振り返りとまとめ行う」ということがスタンダード化しつつあります。
しかし，振り返りとまとめは，本当に毎時間行う必要があるのでしょうか。
もし行う必要があるのだとすれば，何のために振り返りとまとめを行うのでしょうか。
さらに，振り返りとまとめには，具体的にどのような教育的効果があるのでしょうか。
少なくとも，これらの問いに明確に答えることができないのであれば，振り返りやまとめを行う必要はないのではないでしょうか。

ある教育委員会では，「振り返りは１時間の授業を振り返って自分の学びの姿を見直すこと」で，「まとめは１時間の授業を通して明らかとなった学びをまとめること」と説明しています。この違い，わかるでしょうか。

また，ある大学の先生は「振り返りを行うと，メタ認知能力が高まる」とその教育的効果を説明されています。では，学校現場で日々授業を行っている先生方に，「振り返りを行うことで学級の子どもたちのメタ認知能力が高まっている」という実感があるでしょうか。私自身の経験では，こういった具体的な子どもの姿で説明されたことはなく，残念ながら，表面的にこれらのことが語られているとしか思えません。

私自身の授業では，**形式的な振り返りやまとめは行いません**。その効果を大いに疑っているからです。振り返りやまとめに限った話ではありませんが，教育委員会から言われたからといって，**その効果を自分自身で検証することなく，なんでも鵜呑みにするというのは危険**です。

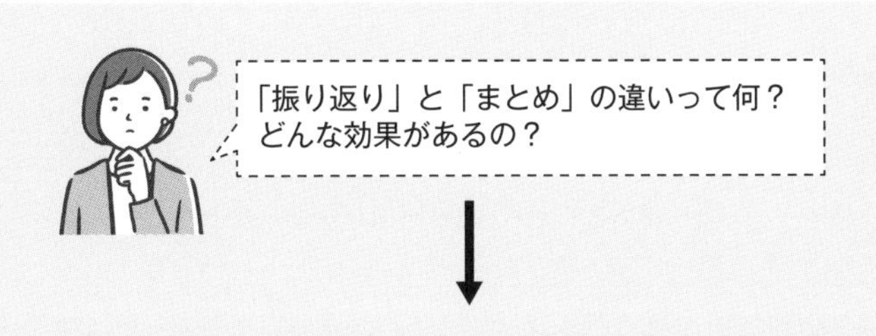

振り返りは１時間の授業を振り返って自分の学びの姿を見直すこと
まとめは１時間の授業を通して明らかとなった学びをまとめること

振り返りを行うと，メタ認知能力が高まる

よくわからない…

教師にもわからないことは，
子どもにはもっとわからない。

40
終末にこだわらず，学びのピークで振り返りを行う

1　子どもは小まめに振り返っている

私が近年参観する授業のおそらく90%以上では，終末場面で「振り返り」が行われています。そこで，読者の先生方にお伺いします。振り返りを授業の終末で行うのはなぜでしょうか。この質問に明確に答えられないとしたら，そもそも振り返りを行うこと自体に意味がないかもしれません。

前項でも述べた通り，私自身は授業終末で形式的な振り返りを行うことはありません。そのことに意味も効果も感じないからです。前項で取り上げた通り，「振り返りは1時間の授業を振り返って自分の学びの姿を見直すこと」なのであれば，それでよいのかもしれません。しかし，実際の子どもの学びの経過を見ていると，**子どもたちは授業の経過とともに，常に目の前の学びの状況を小まめに振り返っている**のです。

「今の考えと前の考えは似ているぞ。だとしたら，○○のきまりがあるんじゃないか」などのように，**子ども自身が必要性を感じたときにそれまでの学びの状況を振り返りつつ，数学的な見方・考え方を働かせている**のです。したがって，「振り返りは授業の終末に行う」という考え方は，あまりに一面的過ぎるのです。

2　「学びのピーク」に再現する

上記のように，子どもたちは，1時間の授業の途中でそれまでの学びを振り返りつつ，数学的な見方・考え方を働かせています。それらの中でも特に

価値ある場面を，私は「**学びのピーク**」と呼んでいます。

もしも，ノートに「振り返り」と表記し，文章で振り返りを記述させたいのであれば，この学びのピークで書かせるべきです。**たった今考えたことですから，記憶も鮮明で全員が質の高い振り返りを書くことができます**。「たった今」というのが重要なポイントで，「振り返りは終末」と形式に縛られて授業の最後まで待つから，書くことがそもそも苦手な子などは，何を書けばよいのかわからなくなってしまうのです。

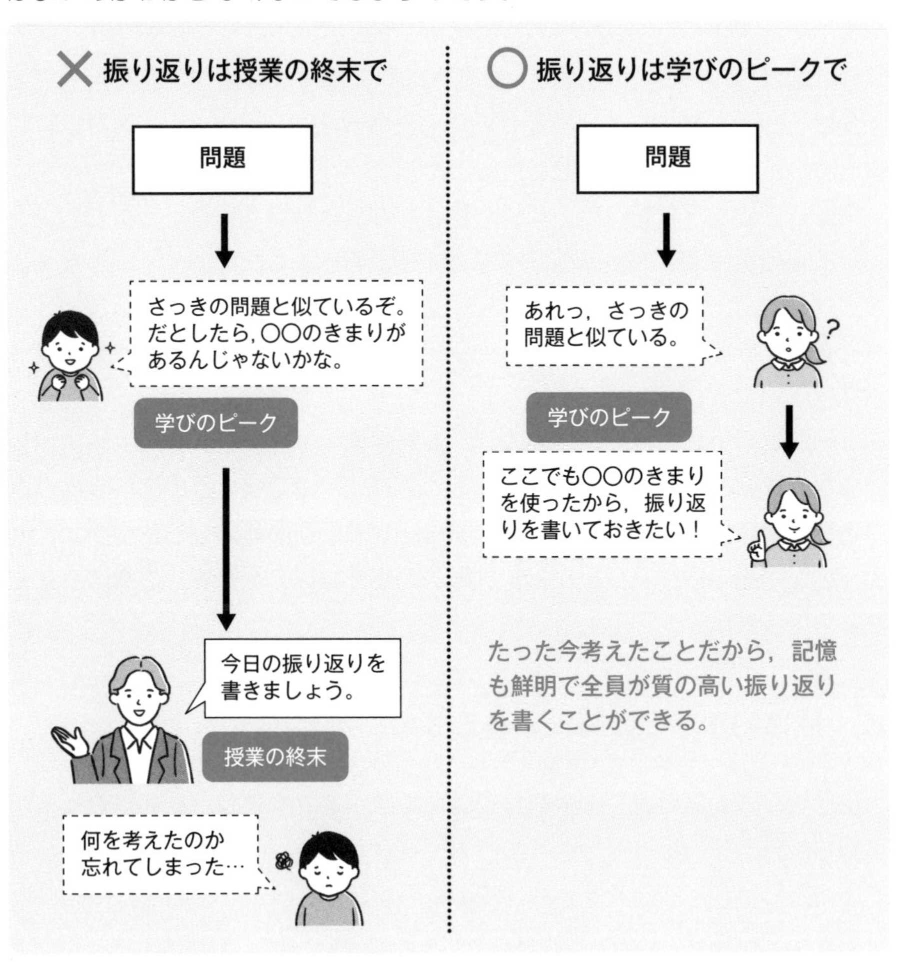

41
その時間ならではの指示で振り返りを書かせる

1 「振り返りを書きましょう」でよいのか

「振り返り」を書かせる際に，先生方はどのような言葉を子どもたちに投げかけていますか。これまで私が目にした授業の95%以上は，「振り返りを書きましょう」という指示でした。

では，この指示を聞いた子どもたちはどのような振り返りを書くでしょうか。多くの場合は，次のような内容ではないでしょうか。

「今日の小数の授業はとてもおもしろかったです。最初はわからなかったけど，花子さんのおかげでわかるようになりました。ぼくも花子さんのようになりたいです」

単元が変わっても，書かれる内容に大きな変化は生まれません。小数が分数やかけ算になり，花子が太郎や京子に変わるだけです。このような振り返りを毎時間書き続けることに，どんな意味や価値があるのでしょうか。このようなレベルの振り返りしか生まれないのであれば，それを行う意味も必要性もありません。

2 具体的かつその時間ならではの指示で

子どもが書く振り返りの内容が曖昧なのは，それを書かせる教師の指示が曖昧だからです。振り返りは「学びのピーク」に行うべきであることを前項で述べましたが，ここでは，具体的にこの学びのピークでどのように振り返りを書かせればよいのかについて述べます。

3年「かけ算の筆算」を例にします。右のようなかけ算の筆算に取り組みました。すると子どもから，「答えが同じになる計算には秘密がある」と声が上がりました。授業ではその秘密について話し合い，学級全体で共有していきました。本時の学びのピークに至った瞬間です。この場面で私は，次のように子どもたちに指示しました。

21	12	23	32
×24	×42	×64	×46
84	24	92	192
420	480	1380	1280
504	504	1472	1472

「同じ答えになる秘密がわかったね。その秘密を説明しましょう」

これが振り返りを書かせるための指示です。**この言葉は具体的であり，この時間にしか使えない言葉**です。このように，振り返りを書かせるのであれば，**その指示（テーマ）は，その時間ならではのオリジナルなものでなければならない**のです。

× 曖昧な指示

振り返りを書きましょう。

教師の指示が曖昧だから，振り返りも下線部を変えればどの授業でも使い回せるような曖昧な内容になる。

今日の小数の授業はとてもおもしろかったです。最初はわからなかったけど，花子さんのおかげでわかるようになりました。ぼくも花子さんのようになりたいです。

○ 具体的かつその時間ならではの指示

同じ答えになる秘密がわかったね。
その秘密を説明しましょう。

具体的かつその時間ならではの指示を行うことで，振り返りもオリジナルなものになる。

42
ペアで振り返りの内容を説明し合う活動を行う

1　表現が苦手な子をしっかり見取る

学びのピークで「振り返り」を書かせるとき，多くの場合，私はその前に**振り返りとして書く内容を，２人１組のペアで説明し合う活動**を取り入れています。言葉で再現した内容を，その後ノートに書くという段取りです。言葉で説明した内容をそのまま書くだけなので，書くことに対する抵抗感がかなり低減できます。

しかし，言葉で再現するにせよ，記述で再現するにせよ，表現するのが苦手な子どもが学級には必ずいます。私はこれらの再現活動を行う際には，**彼らが本当にその内容を理解できているのかどうかをしっかりと見取ります**。この部分を曖昧にしていると，表現するのが苦手な子どもが算数の授業に参加できなくなっていきます。

2　お手本を見せることで支援する

ペア説明は，全員が立って行います。両者がきちんと説明できたら座るというルールになっています。したがって，どちらかが説明ができなければ座れないのです。

そこで，ペア説明に入る前に，私は「本当は説明に自信がない人はいますか？」と尋ねます。ここで数人の手があがります。子どもは正直です。そこで，今度は「自信がないお友だちがいるんだけど，だれかお手本を言える人はいますか？」と全体に投げかけます。これに対しても，必ず数人の手があがります。例えば，前項の３年「かけ算の筆算」では，「21×24の式では，一の位を縦に見ると１×４で４。十の位も２×２で４。どちらも答えが同じになります…」などとお手本を説明してくれます。この説明が終わった後，自信がない子どもたちに「もう大丈夫かな？」と問いかけます。**彼らが「もう大丈夫」と言うまで，これを続けます。**

振り返りは本時で核となる数学的な見方・考え方を定着させるために行うのです。**それは学級全員でなければいけません。**だからこそ，苦手な子どもへの配慮が必要なのです。

同じ答えになる秘密がわかったね。
それをペアで説明し合います。
でも，本当は説明に自信がないって人はいますか？

ペア説明の前に，内容を本当に理解できているのかどうかをしっかりと見取る

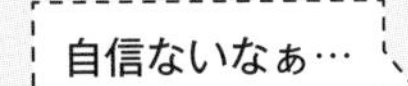

↓

自信がないお友だちがいるんだけど，
だれかお手本を言える人はいますか？

できます！
21×24の式では，一の位を縦に見ると１×４で４。
十の位も２×２で４。どちらも答えが同じになります…

もう大丈夫です！

お手本の説明を聞いてイメージをもたせる

振り返りは本時で核となる数学的な見方・考え方を定着させるために行うので，学級全員でなければいけない。そのため苦手な子どもへの配慮が必要。

43
話したことをそのまま書くイメージで文章化させる

1 書く活動は子どもにとって難しい

前項で，学びのピークでペア説明を行い，その後，その内容をそのままノートに書くことを述べました。このような2段階を踏んでいるのには理由があります。

子どもにとって「話す」活動と「書く」活動，抵抗感が少ないのはどちらでしょうか？　個人差はもちろんありますが，多くの子どもは「話す」活動の方が簡単だと感じているのではないでしょうか。一方，「書く」活動を苦手とする子どもはかなりいます（経験上，男子児童の割合が高いと感じています）。

実際，発言は積極的にするけれど，ノートに考えを書かせてみるとほとんど書けない，という子どもは珍しくありません。「話し合いの場面ではあれほど活発に発言するのに，ノートに自分の考えを書く場面ではこれだけしか書けないの…？」という経験をしたことがある先生も多いのではないでしょうか。

それだけ，書く活動は子どもにとって難しいものなのです。

2 内容以前の段階でつまずかせない

書く活動に抵抗感を覚える子どもが多いことの大きな理由の1つとして，主語と述語の対応など，書く活動には踏まえなければならない様々なルール・作法があるということがあげられます。「きちんとした文章で書かなければ…」「こんな書き方ではダメだよなぁ…」と，そういったことを意識し過ぎると，なかなか鉛筆が動きません。つまり，**内容以前の書き方のルール・作法のところで引っかかってしまい，書き始めることができない**のです。

その点，話す活動では，主語と述語の対応が多少乱れていても，相手は理解してくれます。話す本人も，そのことをそれほど気にはしないでしょう。ここに，私が取り入れている，「ペア説明→文章再現」という２段階の活動のよさがあります。要するに，**ルールや作法にとらわれず，まずは再現すべき内容を出力し，それをそのまま書き言葉にするイメージで文章にまとめさせることで，取組のハードルがぐっと下がる**のです。

✕ いきなりノートに書かせる

内容以前の書き方のルール・作法のところで引っかかってしまい，書き始めることができない

〇「ペア説明→文章再現」という２段階の活動

ペア説明：ルールや作法にとらわれず，まずは再現すべき内容を出力

文章再現：話したことをそのまま書き言葉にするイメージで文章化

44
キーワードや数値目標を示す

1　キーワードを示す

ペア説明を入れず，すぐに「振り返り」を書かせる場合もあります。その際にも，具体的かつその時間ならではの指示が大切なことは言うまでもありません。

さらに，振り返りを書くハードルを下げる秘策があります。指示をした後に，次のように子どもたちに尋ねるのです。

「これから答えが同じになる式の秘密をノートに書いてもらいますが，必ず入れた方がよいキーワードは何ですか？」

「振り返り」に必須なキーワードを尋ねるのです。子どもからは，「一の位と十の位をたてに見る」「たての数字をかけ算」「たてのどの計算も答えが同じ」などのキーワードが発表されます。これらのキーワードは，すべて板書します。そして，次のように指示します。

「このキーワードを全部使って，答えが同じになる秘密を書いてみましょう」

板書された３つのキーワードは，書くための大きなヒントになります。書くことが苦手な子も，これらのキーワードがあることでハードルがぐっと下がります。振り返りを書くことは簡単です。

2　数値目標を示す

これは算数授業の振り返りに限ったことではなく，例えば，運動会の後などに作文を書かせるとき，必ずと言っていいほど，「何枚書けばいいですか？」と質問をする子どもがいます。これは，数値目標として具体的な枚数や字数のゴールを示すと，少なくともそこまではがんばって書こうとする子どももいる，ということです。

このことを利用して，**キーワードが確定した後で，振り返りの数値目標を示す**のです。「100文字（５行）以上書けたら合格です」などと具体的に投げかけます。下に学年別の文字数の数値目標を示しますが，これは10分間書いた場合の文字数で，５分ならこの半分程度です。状況に応じて使い分けてください。

キーワードを示す

これから答えが同じになる式の秘密をノートに書いてもらいますが，必ず入れた方がよいキーワードは何ですか？

・一の位と十の位をたてに見る
・たての数字をかけ算
・たてのどの計算も答えが同じ

板書されたキーワードがヒントになり，書くことが苦手な子どももハードルがぐっと下がる。

キーワードは板書する

数値目標を示す

100文字（５行）以上書けたら合格です！

がんばるぞ！

具体的な目標を示すと，少なくともそこまではがんばって書こうとする子どももいる。

10分間書く場合の文字数の目安

■１年生………80文字　■２年生………100文字
■３・４年生…150文字　■５・６年生…200文字

45

1時間をそのまま再現するレポートに挑戦させる

1　1年に1回は高いハードルにチャレンジ

ここまで，「振り返り」の効果的な取り組ませ方について紹介してきました。これらの経験値が蓄積していくと，書くことに対する子どもたちの抵抗感はかなり低くなってきます。

そこで私は，1年間に1回，子どもたちに算数授業レポートづくりに取り組ませています。**B4サイズの白い画用紙1枚をそのまま渡し，そこに1時間の授業の様子を再現させる**のです。振り返りの集大成とも言える取組です。

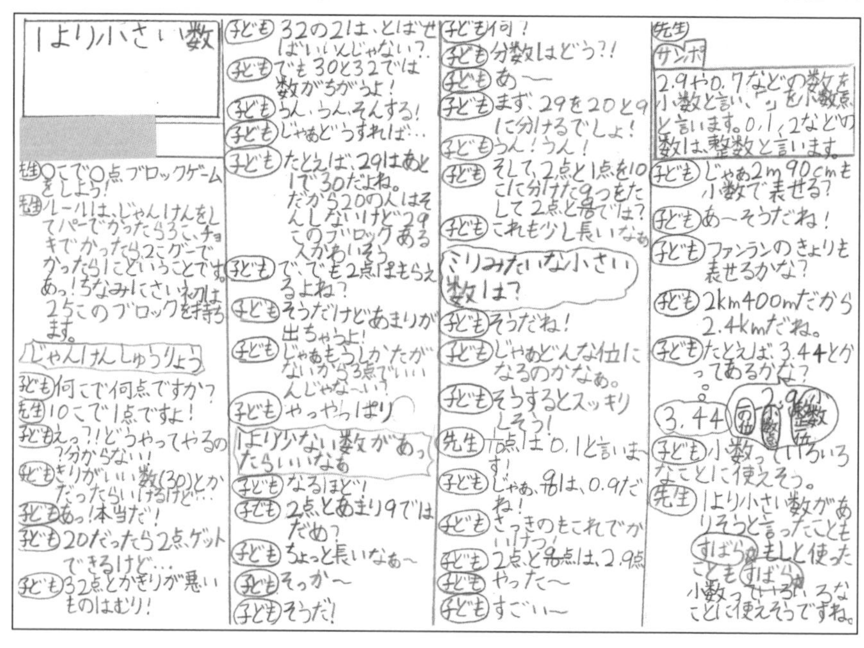

2 盛り上がった授業をレポートさせる

前ページのレポートは，3年「小数」の第1時の授業を終えた子どもたちが書いたものです。これを読めばどのような授業が行われたのか，おおよそ理解することができます。この活動に取り組ませるうえで，重要なポイントがあります。それは，**子どもたちが算数授業を思いっきり愉しんだ1時間をレポートに再現させる**ということです。あまり盛り上がらなかった授業では，画用紙いっぱいを埋めるようなレポートは書くことができません。

また，**レポートのイメージをもたせるために，先輩が書いたレポートのコピーを子どもたちに配付します**。授業の内容が違っていても，レポートのイメージをもつことができれば，子どもたちの鉛筆も一気に進みます。

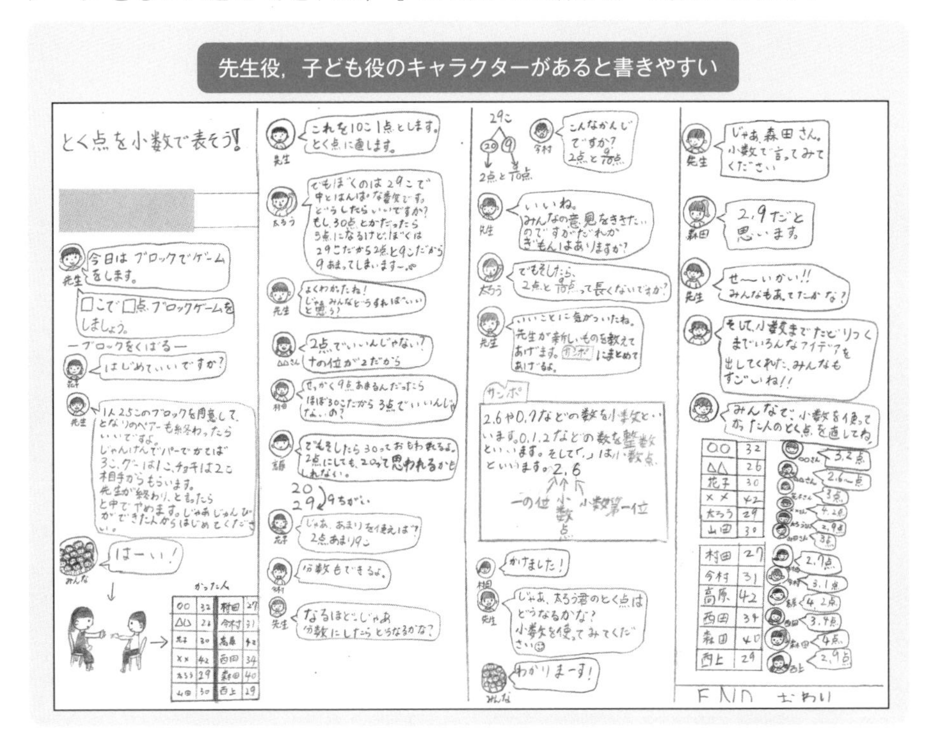

先生役，子ども役のキャラクターがあると書きやすい

第9章　習熟・練習問題のしかけ

46
教師がリアルタイムでドリルに○つけして回る

1 計算ドリルはおもしろくない

教科書とは別に，計算ドリルを採用している先生は多いのではないでしょうか。では，先生方は計算ドリルにどのように取り組ませていますか。子どもたちに「計算ドリル24ページをやりましょう」などと声かけをしている場合が多いのではないでしょうか。

では，計算ドリルの○つけはどのようにされていますか。解き終えた子どもから，解答を見ながら自分で○つけをさせている先生も多いのではないでしょうか。現在は，タブレットでドリル学習を進める教室もあります。その場合は，自動で○つけが行われますから，この部分の心配はいりません。

実は，ドリル学習はほとんどの子どもたちにとってはつまらないものです。**すでに学習し終えたことを淡々と繰り返し練習し続けるだけだから**です。では，このつまらない時間をなんとかすることはできないのでしょうか。

2 教師が○つけをすることの効果

計算ドリルに子どもが取り組んでいるとき，先生は何をしているでしょうか。教卓の前に座り，別の仕事をする先生もいるかもしれませんが，つまらない計算ドリルへの取組を劇的に改善する秘策がこの時間にあります。それは，**計算ドリルに子どもたちが取り組んでいる間，子どもの間を順に回りながら○つけをしていく**のです。

秘策といっても，たったこれだけのことです。しかし，教師から○をもらった子どもからは，「やったー！」という喜びの声が聞こえてきます。これは１年生でも６年生でも一緒です。６年生でも，教師から直接〇をつけてもらえるのは，とてもうれしいことなのです。「先生，早く〇つけに来て！」という声さえ聞こえてきます。

さて，計算ドリルの〇つけですが，すべての問題を行う必要はありません。例えば，１ページ20問だったとします。その場合は，**１問目，５問目，８問目などのように，一部の問題だけを〇つけする**のです。残った問題は，解答を見ながら，子どもが自分で〇つけをします。解答を見ながら，自分で〇つけをすることは，視写能力を向上させる練習にもつながります。AI ドリルにこの部分を任せてしまうと，視写能力は育ちません。また，教師にとっても，〇つけを一部だけに限定するからこそ，何周も子どもたちの間を回れるのです。

✕ 自分で解いて，自分で答え合わせ

計算ドリル24ページをやりましょう。

計算ドリルはつまらないなぁ…

すでに学習し終えたことを淡々と繰り返し練習し続けるだけだから，モチベーションが上がらない

〇 教師がリアルタイムで〇つけして回る

〇がもらえた。やったー！

３，５，８番は全部〇だね！残りは自分で〇つけしてね。

先生，早く〇つけに来て！

〇つけを一部だけに限定して，何周も子どもたちの間を回る

６年生でも，教師から直接〇をつけてもらえるのはとてもうれしいこと。

47
単元末の練習問題に 1問ずつ一斉に取り組ませる

1 単元末の練習問題の進め方

教科書の単元末に，練習問題のページが設定されています。このページを，先生方はどのように子どもたちに取り組ませていますか。

かつての私は，「24ページの練習問題をノートにやりましょう。終わった人は，黒板の前に解答を置くので○つけに来てください」と指示していました。同じように進めている先生は，多いかもしれません。実は，これでは子どもたちの学力差は拡大していきます。なぜなら，わからない子どもはずっと同じ問題で悩み，できる子どもはどんどん解き進めます。これが45分間続くわけですから，よい取り組ませ方ではありませんね。

2 練習問題は1問ずつ一斉に

前項で，ドリルに取り組む際に教師が○つけを行うことで子どものモチベーションがアップすることを述べました。これは，練習問題への取組でも同じです。ただし，練習問題は1問ずつ進めます。

「24ページ1の①だけをノートに解きます」

このように**1問ずつ取り組む問題を指示して，高速で机間指導をしながらノートに○をつけていきます**。当然ですが，ここでも子どもの取組速度には多少の差が生まれます。しかし，全問一斉に解かせる場合と比べるとその差は小さなものです。早く解き終えた子どもには，「よくわからない友だちがいたら，教えてあげてください」と教師のサポートをお願いします。このサポートで，○つけの速度も向上します。

概ね全員が○になったところで，その問題の解説を短時間で行います。全員が簡単に解けた問題であれば，式と答えの確認だけで終わらせます。一方，子どもたちが解決に苦労した問題であれば，時間を確保しててていねいに解説したり，子どもたちと解決方法を簡単に話し合ったりします。

単元末の練習問題への取組で大切なのは，１問ずつ，子どもたちの理解度を確認しながら進めていくことです。

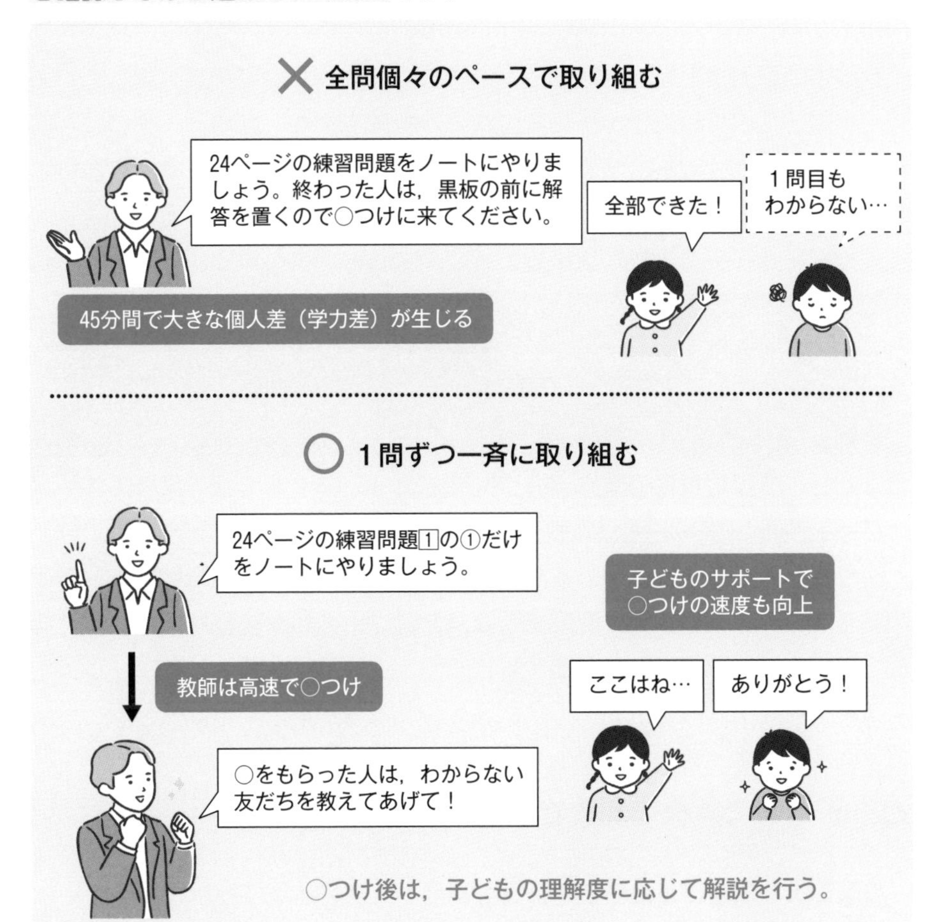

48
単元末の練習問題で黒板を子どもに開放する

1　ノートには必要最低限の情報を書く

教科書の単元末の練習問題ページの進め方について前項で述べました。一斉に１問ずつ取り組ませ，その間に教師が机間巡視をしながら○をつけていきます。これだけでも，練習問題に対する取組意欲が向上しますが，さらに向上させる秘策があります。それは子どもたちに黒板を開放することです。

具体例を示します。教師が黒板に，次のように板書します。

24ｐ　練習問題
1　①　27÷５＝

子どもたちは教科書の該当ページを開きます。ノートには，黒板に書かれたことを視写します。実際の教科書には，「1　次の計算をときましょう」という問題文が書かれていますが，そこは時間確保のため省略します。文章問題も同様に省略します。**詳細を知りたければ，教科書を見ればよい**のです。視写が終わった子どもは，問題を解き始めます。教師は順に○をつけて回ります。

2　子どもに黒板を開放する

教師から○をもらった子ども１人を指名し，次のように指示します。

「黒板に行って，①の続き（答え）を書いてください」

子どもたちには事前に１人１本のマイチョークを配付しています。子どもたちは，それを使いたくて使いたくてしょうがないのです。板書の機会を与えられることで，子どもは大喜びします。練習問題を解き終えたら，板書ができる。たったこれだけのことですが，子どもたちの練習問題に対する取組意欲は大いに向上するのです。

練習問題での板書の機会は，原則として１人１回です。教科書単元末の練習問題の問題数は20～30問前後ですから，板書は１人１回の原則であれば，学級のかなりの子どもたちが板書の機会を得ることができます。

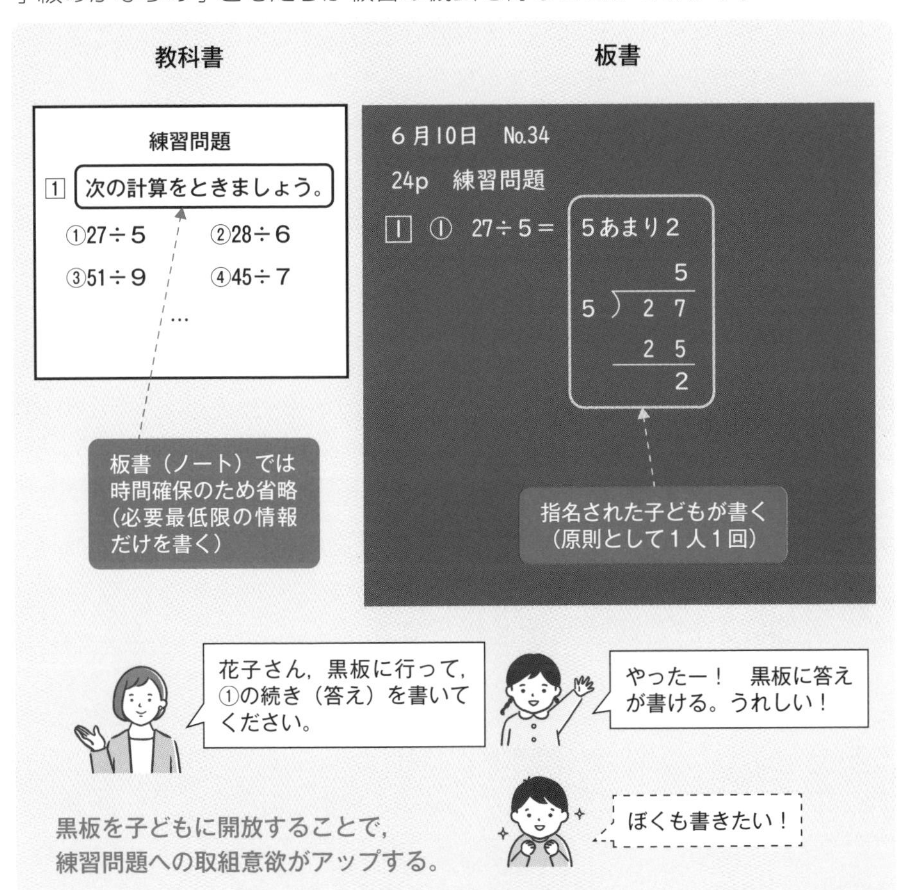

49
見えてきた実態に応じて，即時に練習問題を修正する

1　1問ずつの○つけで見えてくること

教科書の単元末の練習問題に，1問ずつ取り組ませることについて述べました。1問ずつ教師が机間指導をしながら○をつけていくことは，とても大変な作業です。しかし，1問ずつ○をつけるからこそ見えてくることがあります。

例えば，3桁－3桁のひき算の練習問題に取り組んでいた場合で考えます。1問目は「238－117」，2問目は「321－198」で，この問題までは多くの子どもが正しく計算を行うことができました。ところが，3問目の「502－398」になると，計算間違いをする子どもが増えました。2周目の○つけでも再度間違っている子どもが散見されました。

以上のことから，この学級では「空位のある繰り下がりの問題が苦手な子どもが多い」という実態が見えてきます。これは**1問ずつ教師が○つけを進めるからこそ見えてくる実態**です。

2　実態に応じて練習問題を修正する

「空位のある繰り下がりの問題が苦手な子どもが多い」という実態が見えてきました。ところが，教科書の練習問題のページには，3問目の「502－398」以外に空位のある繰り下がりのひき算の練習問題がなかったとします。このまま次の問題へと進めてしまったら，空位のある繰り下がりの問題は苦手なままで終わってしまいます。このような場合は，教科書にはない問題を

追加して板書すればよいのです。**子どもの学びの実態に合わせて，教科書の練習問題を修正していく**のです。

「教科書にはないけど，みんなが苦手な問題があるから追加問題です」

このように説明すれば，子どもたちも納得します。また，教科書の練習問題にはたくさんの計算問題が掲載されていることもあります。「繰り下がりなしは学級全員できている」という実態が見えてきたら，今度はそれに関する問題は削除しても構いません。**練習問題の進め方にも，柔軟性をもたせることが大切**です。

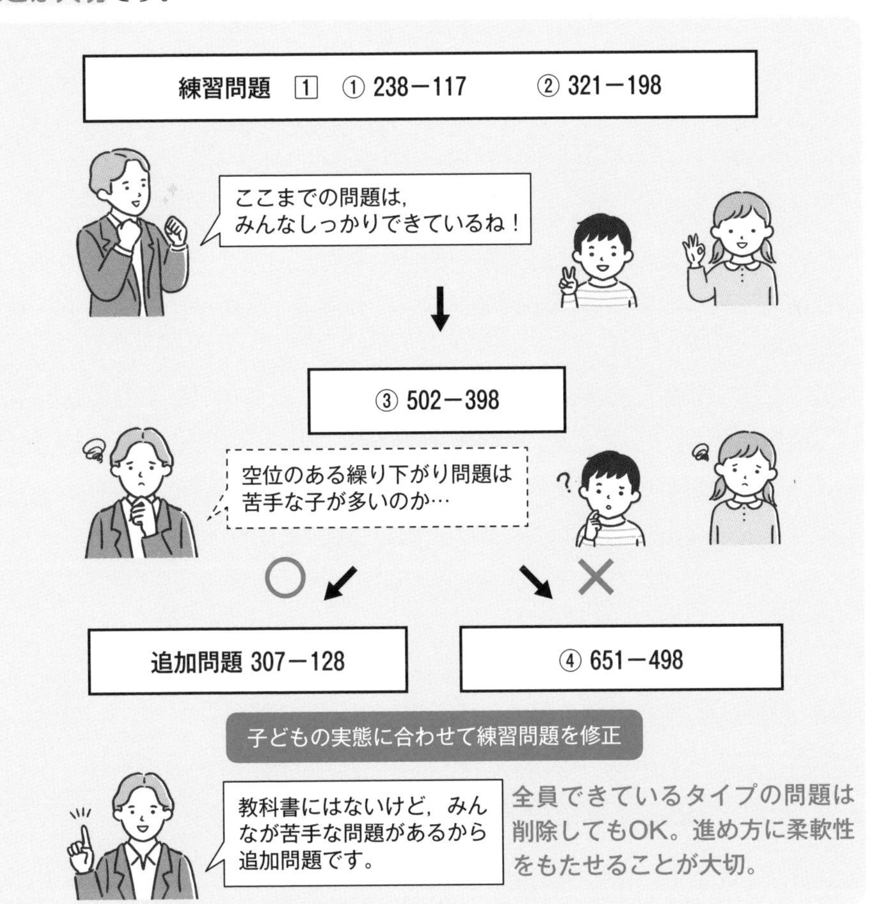

50
練習問題は授業時間内で勝負する

1 学力差を埋めるのは教師の役割

「学級の子どもたちの学力差が大きくて困っています」という声をよく耳にします。では，ここでいう「学力差」の「学力」とは何でしょうか。多くの場合，おそらく「知識・技能」の差のことを述べているのではないでしょうか（もちろん「数学的な見方・考え方」の差に困っている方もいらっしゃるとは思いますが）。

私は，**知識・技能の差にしても，数学的な見方・考え方の差にしても，それを拡大してしまっている要因の１つは，教師の授業の進め方にある**と考えています。

ここでは，知識・技能の差に限定して述べます。先生方は算数の宿題を出していますか。ここで「はい」と答えた方は，そのことが知識・技能の学力差を拡大している可能性があるのです。子どもたちの宿題への取り組み方の実態を見ていると，もともと算数が得意な子どもは，きちんと宿題に取り組んでいます。一方，算数が苦手な子どもは，宿題を忘れたり，やってきたとしても取り組み方がいい加減だったりすることが多いのではないでしょうか。これでは，**子どもたちの知識・技能を高めようと思って出している宿題が，知識・技能の差をかえって拡大してしまっている**のです。

2 練習問題は授業時間内で勝負する

先生方が宿題として子どもたちに課すのは，練習問題（計算問題）がほとんどではないでしょうか。これらの問題は，基本的に授業時間内にすべて取り組ませることが，学力差を埋める最も効果的な方法です。教師が一人ひとりの知識・技能の状況を把握しながら○つけをすることの大切さはこれまでに述べましたが，この部分を家庭に丸投げしてしまったら，学力差が拡大するのも無理はありません。

繰り返しますが，**計算問題などの基本的な練習問題は，原則として算数の授業時間内，難しい場合は朝学習の時間なども活用して取り組ませることが，学力差を埋める最も効果的な方法**です。この方法でも，どうしても知識・技能が十分に定着しない子どもに限って，限定的に宿題を課すのは問題ないと思います。学級全員に一律に宿題を課すことの問題が大きいのです（ただし，学校によっては，宿題を出すことがルールになっているところもありますから，柔軟に対応してください）。

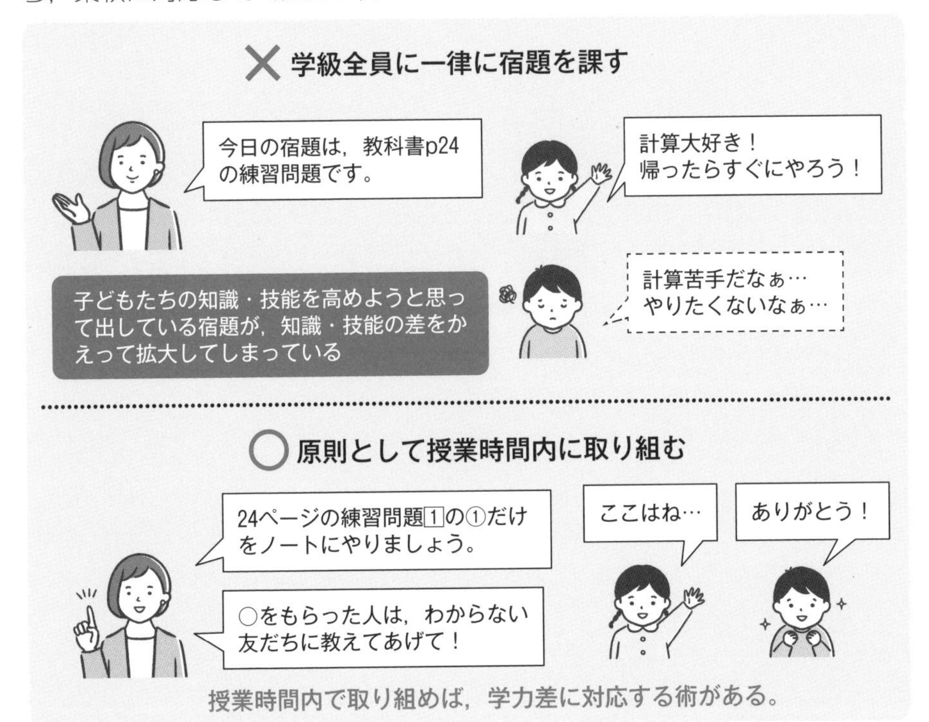

おわりに

算数の授業を，１枚のパズルに例えてみます。そのパズルは，「問題提示」「問い」「自力解決」「発表」…などの何種類ものピースで構成されています。したがって，これらのピースがすべてそろわないと，授業として完成しないのです。

先生方はこの算数授業のパズルを，どこまで完成させることができるでしょうか。すべて自力で完成できる方は，すでに本書から卒業できる力をおもちの方です。一方，「８割のピースは埋まったけど，残り２割がうまく埋まらない」と感じている方もいらっしゃるでしょう。大切なことは，その２割のピースの種類を自覚できる力をもつということです。「私には『問題提示』のピースを埋める力が足りない」と自覚することができれば，パズル完成までの道のりはぐっと近くなっていきます。本書を参考に，足りないピースの埋め方を学んでいただけたらと考えています。

もし，「私にはどのピースが足りないのかすらわからない…」と感じられている方がいらっしゃるとしたら，そんな方は，授業名人と呼ばれる先生方の授業を見に出かけたり，授業 DVD を視聴されたりすることをおすすめします（私の授業 DVD は，東洋館出版社の「板書シリーズ」の付録として販売されています）。お手本となる授業と比較することで，自分に不足しているピースが見えてくるはずです。

日本中の多くの先生方が，愉しい算数授業のパズルを完成させ，教室から「算数大好き！」という子どもたちの声が響き渡ることを期待しています。

最後になりましたが，本書の出版にあたっては，明治図書出版の矢口郁雄氏から多大なるご尽力をいただきました。ありがとうございました。

2023年３月

尾﨑正彦

【著者紹介】
尾﨑　正彦（おざき　まさひこ）
関西大学初等部教諭。新潟県公立小学校勤務を経て現職。
スタディサプリ小学算数講座講師
全国算数授業研究会常任理事
学校図書教科書『みんなと学ぶ小学校算数』編集委員
東京理科大学 第６回《算数・授業の達人》大賞優秀賞
第41回「わたしの教育記録」特選
新潟市教育委員会認定マイスター教師（算数）
主な著書
『算数授業の当たり前を「子どもの姿」から問い直す』
『算数授業スキル　ニューノーマル』
『WHY でわかる！　HOW でできる！　算数の授業Ｑ＆Ａ』
『小学校　新学習指導要領　算数の授業づくり』
『算数の授業がもっとうまくなる50の技』
『小学校算数の授業づくり　はじめの一歩』（以上明治図書）
『板書で見る全単元・全時間の授業のすべて　算数　小学校６年上』
『アクティブ・ラーニングでつくる算数の授業』（以上東洋館出版社）
他多数

図解　算数の授業デザイン
主体的な学びを促す50のしかけ

2023年４月初版第１刷刊　©著者　尾　﨑　正　彦
2024年１月初版第３刷刊　発行者　藤　原　光　政
発行所　明治図書出版株式会社
http://www.meijitosho.co.jp
（企画）矢口郁雄（校正）大内奈々子
〒114-0023　東京都北区滝野川7-46-1
振替00160-5-151318　電話03（5907）6701
ご注文窓口　電話03（5907）6668

＊検印省略　組版所　広研印刷株式会社

本書の無断コピーは，著作権・出版権にふれます。ご注意ください。

Printed in Japan　ISBN978-4-18-252226-0

もれなくクーポンがもらえる！読者アンケートはこちらから→

小学校算数の授業づくりはじめの一歩

Ozaki Masahiko
尾﨑 正彦

小学校算数の授業づくりの基礎・基本

「分数のわり算は、わる数をひっくり返してかけるんだよ」と説明するのは簡単。でも、本当にそれで算数を教えたことになるの？　子どもの素直なつぶやきに耳を傾けながら、能動的な学びに導く授業のつくり方を徹底解説。板書の仕方から話し合いの導き方まで全てわかる！

176ページ　四六判　1,800円+税　図書番号　：2031

もくじ

第1章　あなたの算数授業，本当にそれで大丈夫ですか？
第2章　算数の学力って，何ですか？
第3章　授業の成否は始まる前に決まっている!?
第4章　算数授業の“型”に疑いの目を向けてみよう
第5章　子どもの「問い」を引き出す課題提示の工夫
第6章　子どもの思考が連続する話し合いの工夫
第7章　形だけにしないまとめの工夫
第8章　ノート指導の良し悪しで学力の伸び方は大きく変わる
第9章　板書は常に子どもの立場で考える
第10章　教科書の扱い方ひとつで授業は大きく変わる
第11章　テストの限界と可能性を知る
第12章　発表・説明の工夫で全員参加の授業を目指そう
第13章　しかけと価値づけで能動的な学習態度を育てよう
第14章　想定外への対応力を磨き何でも言える授業をつくろう

小学校算数の授業づくりはじめの一歩
Ozaki Masahiko 尾﨑 正彦
●問題解決授業 ●数学的な考え方 ●発問 ●ノート・板書 ●話し合い ●発表・説明 ●まとめ ●教科書 ●評価 ●テスト…
明治図書
算数の授業のことが全部わかる！

明治図書　携帯・スマートフォンからは　明治図書 ONLINEへ　書籍の検索、注文ができます。▶▶▶
http://www.meijitosho.co.jp　＊併記4桁の図書番号（英数字）でHP、携帯での検索・注文が簡単に行えます。
〒114－0023　東京都北区滝野川7－46－1　ご注文窓口　TEL 03－5907－6668　FAX 050－3156－2790

＊価格は全て本体価表示です。

算数の授業がもっとうまくなる50の技

Ozaki Masahiko
尾﨑 正彦

ワンランク上の算数授業を目指す全ての先生のために

指導内容は理解できているし、教科書通りに授業もできるけど、何か物足りない。そんな先生が算数授業の質を一段引き上げるための一冊。子どもの問いの引き出し方、つなぎ方から、数学的な考え方の育て方まで、算数授業名人が絶対外せない 50 の技を解説。

160 ページ　四六判　1,800 円+税　図書番号 ：2732

もくじ

序　章　授業の腕前次第で子どもの学びは変わる
第１章　問いの引き出し，つなぎがもっとうまくなる4の技
第２章　課題づくり・発問がもっとうまくなる 12 の技
第３章　子どもの見とりがもっとうまくなる4の技
第４章　話し合いの授業がもっとうまくなる 10 の技
第５章　ノート指導がもっとうまくなる5の技
第６章　数学的な考え方の育成がもっとうまくなる7の技
第７章　板書がもっとうまくなる4の技
第８章　教科書の使い方がもっとうまくなる4の技

指導内容は理解できているし
子どもは活発に発表するけど
何か物足りない。
そんな教師が次に獲得すべき
一段上の授業力

明治図書　携帯・スマートフォンからは **明治図書 ONLINE へ** 書籍の検索、注文ができます。▶▶▶

http://www.meijitosho.co.jp ＊併記４桁の図書番号（英数字）でHP、携帯での検索・注文が簡単に行えます。

〒114－0023　東京都北区滝野川７－46－１　ご注文窓口　TEL 03－5907－6668　FAX 050－3156－2790

＊価格は全て本体価表示です。

見れば、わかる、できる。

図解 授業デザインシリーズ

見やすい2色刷り

算数編

尾﨑正彦［著］

想定外のつぶやきから“気持ち”を読解させる、瀬戸際に立たせることで問いの共有を徹底する、“わからなさ”を価値づけ自由に表現させる、終末にこだわらず学びのピークで振り返りを行う…など、主体的な学びを促す 50 のしかけを、一瞬で理解できる図解で紹介。

128 ページ／定価 2,090 円（10%税込）
図書番号：2522

国語編

宍戸寛昌［著］

３つの視点から教材の解像度を上げる、１時間の授業をユニットで捉える、問いが生まれる導入をつくる、聞く活動は「効く」まで見通す、物語の典型をおさえる、言葉の指導に納得を生む…など、深い学びの基礎をつくる 51 の教養を、一瞬で理解できる図解で紹介。

128 ページ／定価 2,090 円（10%税込）
図書番号：2521

明治図書　携帯・スマートフォンからは **明治図書 ONLINE へ** 書籍の検索、注文ができます。▶▶▶

http://www.meijitosho.co.jp　＊４桁の図書番号で、HP、携帯での検索・注文が簡単に行えます。

〒114－0023　東京都北区滝野川７－46－１　ご注文窓口　TEL 03－5907－6668　FAX 050－3156－2790